EEN NIEUW BEGIN

EEN NIEUW BEGIN

*Een begrip van de basis beginselen
van het Christelijk geloof*

*Voor groeps of individuele studie
Bevat Bijbelteksten*

door
SHARON DUTRA

(vertaald door John Zuyderduyn)

© Auteursrecht 2025

Een Nieuw Begin: Een begrip van de basisprincipes van het christelijk geloof

ISBN-13: 978-0692864135 (Be Transformed Ministries)

ISBN-979-8-9871838-4-7

Boekomslag en interieurontwerp door: Ajmer Singh op Upwork.com

Tenzij anders aangegeven zijn alle schriftcitaten afkomstig uit de Bijbel, de NBV21, Alle rechten voorbehouden.

Andere boeken van deze auteur:

- *Be Transformed: By the Spirit of the Living God, 2011. Beschikbaar op*
- *Amazon.com. Be Transformed is beschikbaar in het Spaans, Farsi, Japans en Nederlands.*
- *Fishers of Men: een dynamische discipel van Jezus Christus worden 2020, (beschikbaar in het Spaans).*
- *New Beginnings is ook beschikbaar in het Spaans, Farsi, Japans en Nederlands.*

Het vervolg op dit boek heet "Fishers of Men: Becoming a Dynamic Disciple of Jesus Christ". Dit boek voert de christen naar het volgende kennisniveau en rust iemand toe voor een grotere dienst aan God.

"Be Transformed" is met succes gebruikt door veel verschillende denominaties. Het werkt goed voor vrouwen- en mannengroepen, en kan ook voor individuele studie worden gebruikt. Het heeft talloze levens veranderd.

Be Transformed Ministries werd in 2011 opgericht, na de publicatie van Sharons eerste boek, Be Transformed: By the Spirit of the Living God".

De missie van de bediening is om het Evangelie van Jezus Christus te verspreiden door spreekbeurten, lesgeven in kleine groepen, voortdurende publicatie en distributie van brochures om de verlorenen te bereiken. Een belangrijk onderdeel van Be Transformed Ministries is het gratis versturen van onze boeken en gratis verlenen van onze faciliteiten aan duizenden mensen in gevangenissen en afkickklinieken.

Vanaf 2017: De "Be Transformed" ("Wordt Veranderd") boeken bevinden zich in 40 verschillende instellingen in de Verenigde Staten, meer dan 900 exemplaren werden verspreid in de gevangenis van Los Angeles County.

Bezoek onze website voor meer informatie over Be Transformed Ministries, of hoe u onze boeken kunt kopen. Ook leest u hoe u financieel en met gebed met ons kunt samenwerken: **betransformedministries.com**

Volg ons op Facebook op: **facebook.com/betransformedministries**
E-mail ons op: **betransformed@betransformedministries.com**
Ons postadres is P.O. Box 597, Grover Beach, CA 93458, USA
Bedankt!

TOEWIJDING

Ik wil dit boek graag opdragen aan alle mannen en vrouwen aan wie ik door de jaren heen het voorrecht heb gehad les te geven.

Jullie stonden naast mij toen ik leerde lesgeven. Jullie hielden van me en moedigden me aan, ook al was ik soms een harde leermeester. Jullie waren geduldig en standvastig in je inzet voor onze Bijbelstudies.

Jullie hebben mij voortdurend geïnspireerd om mijn hoogste potentieel te bereiken – om de beste leraar en auteur te zijn die ik, door God's genade, ooit zou kunnen worden.

Zonder jullie zou dit werk niet mogelijk zijn geweest. Ik dank jullie met heel mijn hart.

Een speciale dank aan iedereen die talloze uren hebben besteed aan het bestuderen, redigeren en proeflezen van mijn werk.

Voor Michael, mijn man, jij bent Gods grootste geschenk voor mij.

En natuurlijk zou mijn leven een totale puinhoop zijn geweest zonder het verlossende werk en de liefde van Jezus Christus, mijn Heer en Heiland. Mijn grootste verlangen is om U volledig lief te hebben en mijn hele leven en inspanning aan U, mijn Jezus, te wijden.

OVER DE AUTEUR

Sharon Dutra was ooit een dakloze drugsverslaafde die haar leven haatte. Ze probeerde verschillende keren zelfmoord te plegen. Tijdens haar gevangenschap accepteerde ze Jezus Christus in haar leven, en ze is nooit meer dezelfde geweest.

God heeft haar gaven gegeven in onderwijs en evangelisatie, en haar boeken zijn de vrucht van deze gaven. Sharons grootste wens is om mensen voor Christus te winnen en hen toe te rusten om dynamische discipelen van Jezus Christus te worden. Dit boek is eenvoudig en duidelijk, en zal christenen helpen de fundamentele leerstellingen van het geloof uit de Bijbel te leren.

"Het is niet gemakkelijk om de onaangename dingen in het leven onder ogen te zien. Maar Sharon Dutra doet precies dat. Ze pakt ze niet alleen aan, maar trekt de volledige wapenrusting van God aan en gaat met jou en naast jou de strijd aan in jouw geloof. Ze voorziet je onderweg van de tools die je nodig hebt. Dankzij Sharons onderwijs ben ik in mijn dagelijks leven een veel zegevierender christen geworden. Ze is een begaafd schrijfster die wordt geleid door de Heilige Geest in de hoop vrede en sereniteit in de levens van anderen te brengen. Ze helpt je de moeilijkste problemen van het leven het hoofd te bieden. Haar getuigenis brengt hoop; haar lesgeven en schrijven brengt verandering; en haar charismatische en transparante liefde voor God brengt inspiratie voor degenen die ervoor kiezen om in Jezus Christus te geloven. Sharon zet zich in met hart en ziel en inzicht, in haar schrijven. Ze vereenvoudigt haar boeken op een manier die ze leerzaam, toepasbaar en levens veranderend maakt. Het uiteindelijke doel en verlangen van haar hart is om anderen te helpen "getransformeerd te worden" in hun dagelijkse wandel met Christus. We hebben anderhalf jaar onder het onderwijs van Sharon gezeten en we zijn hier om te getuigen dat ook veel gebieden van ons leven zijn getransformeerd. We willen je bedanken, Sharon, voor het delen van je levens veranderende geschenk met ons. Wij bidden dat uw licht voor Jezus blijft schijnen door jouw toekomstige schrijven en door jouw bediening. We wensen je veel zegen toe in je verdere werk. Voorwaarts christelijke soldaat! Met dankbare harten en herstelde zielen", Michael en Susan Guinn, San Luis Obispo, CA.

"Toen Zijn aardse bediening eenmaal voltooid was, vlak voordat Hij naar de hemel opsteeg, gaf Jezus Zijn volgelingen dit bevel: "Maak discipelen van alle naties, en leer deze nieuwe discipelen om alle geboden te gehoorzamen die Ik jullie heb gegeven".

Met dit in gedachten heeft Sharon Dutra een "back to basics" Bijbelstudie geschreven om nieuwe of terugkerende discipelen te helpen groeien in hun wandel met Jezus. Dit is een geweldig hulpmiddel voor degenen onder ons die graag nieuwe gelovigen te zien uitgroeien tot volwaardige discipelen van Jezus Christus".

Ron Dee, assistant-pastor
Harvest Church
Arroyo Grande, CA

HOE DIT BOEK TE GEBRUIKEN

Dit boek is uitstekend geschikt voor groeps- of individuele studie. De groepsmethode die voor ons het beste heeft gewerkt, is om elke persoon in de kamer om de beurt een paragraaf te laten lezen en alle in de tekst genoemde Schriftgedeelten op te zoeken.

Er zijn nog meer onderwerpen die aan dit boek hadden kunnen worden toegevoegd, maar ik heb me tot deze hoofdstukken beperkt om een Bijbelstudie van twaalf weken mogelijk te maken. We besteden meestal ongeveer een uur en 45 minuten aan elke les. Deze studies duren lang en bevatten veel Bijbelteksten, dus je zult waarschijnlijk niet veel tijd hebben voor groepsdiscussie. Als je echter meer discussie wilt, kun de studie van twaalf weken verlengen.

Voor een nieuw begin werd de NBV21 Bijbelvertaling gebruikt. Normaal gesproken zou ik er de voorkeur aan geven dat de leerlingen de verzen in hun eigen Bijbel opzoeken, zodat ze vertrouwd raken met de plaats waar de boeken en passages zich bevinden. Omdat dit echter een boek met fundamentele waarheden is, kunnen er mensen zijn die de Bijbel voor de eerste keer bestuderen, en het opzoeken van de verzen zou te tijdrovend zijn.

Om deze reden staan alle Bijbelteksten achterin elk hoofdstuk opgesomd. Als je bijvoorbeeld naar het einde van hoofdstuk 1 bladert, zie je het kopje 'BIJBELVERZEN'. Aan de linkerkant van de pagina staat een vetgedrukt nummer. Dit getal komt overeen met het 'kleine' getal aan het einde van elk Bijbelvers in de tekst, zoals Romeinen 12:2 [1] Het getal [1] komt overeen met het getal '1' dat het Bijbelvers aan het eind van het hoofdstuk weergeeft.

Lees alstublieft alle Bijbelteksten! De Bijbel is de kracht achter deze studies. Je zult veel over God en Zijn wegen leren als je de tijd neemt om ze te lezen. Als je het lezen van de Bijbel overslaat, mis je het beste deel van het boek!

Het is mijn wens dat iedereen de Bijbel goed leert kennen. Je leert in het hoofdstuk 'Wat is de Bijbel?' dat de dagelijkse praktijk van het bestuderen van het Woord van God een van de meest essentiële aspecten van het christelijke leven is.

Terwijl je jouw groep begeleidt, ontwikkel je een eigen methode, maar als je begint zoals voorgesteld, zal dit je helpen ontdekken wat het beste werkt voor jouw individuele situatie.

INHOUDSOPGAVE

Hoofdstuk 1 -ZONDE-.. 1

Hoofdstuk 2 -BEROUW-.. 17

Hoofdstuk 3 -GELOOF-.. 29

Hoofdstuk 4 -VERLOSSING-... 43

Hoofdstuk 5 -WAT IS DE BIJBEL?- 55

Hoofdstuk 6 -WIE IS GOD?- 69

Hoofdstuk 7 -WIE IS JEZUS?- 87

Hoofdstuk 8 -WIE IS DE HEILIGE GEEST?-.......................107

Hoofdstuk 9 -WIE IS DE SATAN?-..125

Hoofdstuk 10 DE DOOP...149

Hoofdstuk 11 DE TIENDEN 161

Hoofdstuk 12 GEMEENSCHAP 175

Hoofdstuk 13 GEBED..185

HOOFDSTUK 1
-ZONDE-

Waar denk jij aan als je het woord 'zonde' hoort? Geloof jij dat mensen slecht zijn en daarom slechte dingen doen? Misschien denk je dat de meeste mensen goed zijn, maar dat ze gewoon in slechte omstandigheden terechtkomen waardoor ze vreselijke dingen doen? Of is het mogelijk dat we allemaal geboren zijn met zonde in onze natuur, en dat we het niet kunnen helpen dat we slecht zijn – we kunnen alleen maar zondigen?

Wat is zonde?

De oorspronkelijke betekenis van zonde kan worden uitgelegd als 'het doel missen' – een term die bij het boogschieten wordt gebruikt. We weten allemaal dat het raken van de roos de perfecte score is. Deze analogie heeft betrekking op de schepping van Adam en Eva door God. Het was Gods bedoeling dat ze in volmaakte eenheid met Hem zouden leven, Zijn volmaakte wil zouden doen en een volmaakte intimiteit met Hem zouden hebben. Er waren geen barrières van schuld, schaamte, kwaad, trots, hebzucht, egoïsme – of de daaruit voortvloeiende straf. Maar de meesten van ons kennen het verhaal – Eva nam een hap van de appel en nodigde Adam uit om in haar ongehoorzaamheid te delen (Genesis 3:1-19[1]). Het tragische gevolg van de zonde is scheiding van God. Als je gescheiden van God hebt geleefd, lijkt deze scheiding misschien niet zo erg. God is echter de Gever van alle goede dingen, en Zijn afwezigheid betekent het verlies van liefde, vreugde, vrede en hoop in ons leven. Dit is de reden waarom we ons soms zo leeg, eenzaam en doelloos voelen.

Sinds de zonde via Adam en Eva het menselijk ras is binnengekomen, zijn alle menselijke wezens bij hun geboorte geestelijk vervreemd van God. Deze vervreemding blijft in ons leven bestaan totdat we een bewuste beslissing nemen om ons aan God over te geven. We kunnen onszelf niet uit deze toestand helpen, omdat onze aangeboren natuur zelfzuchtig en egoïstisch is, en we geloven dat we zelfvoorzienend zijn. Maar we ontdekken dat "ZELF" de wortel is van al onze problemen (Jeremia 17:9[2])! De Bijbel zegt inderdaad dat onze geest letterlijk dood is voordat we Jezus in ons hart uitnodigen (Efeziërs 2:1-3[3]; Colossenzen 2:13[4]). Dit is misschien moeilijk te geloven, omdat we mensen hebben gezien die gelukkig leken te zijn zonder Hem. Ze zeggen misschien zelfs dat ze 'spirituele mensen' zijn. God zegt echter dat de enige authentieke manier waarop we geestelijk levend kunnen zijn, is als Jezus, door Zijn Heilige Geest, in ons leeft.

Een andere reden waarom de zondige natuur waarmee we geboren zijn ons van God vervreemdt, is omdat Hij de zonde niet in Zijn aanwezigheid kan tolereren. En wat de zaken nog erger maakt, is dat we op geen enkele manier voor onze zonden kunnen betalen. We kunnen niet eens proberen goed genoeg te zijn om een relatie met God te hebben zonder Zijn tussenkomst. Hij is absoluut heilig, en we zijn niet in staat om hard genoeg te werken om aan Zijn perfecte morele normen te voldoen (Romeinen 3:10[5]; 1 Petrus 1:15[6]).

De waarheid is dat we totaal niet in staat zijn om de zonde op eigen kracht te overwinnen (Romeinen 5:1-21[7]; Romeinen 7:14 tot Romeinen 8:8[8]; 1 Johannes 3:4-10[9]). Als je dit niet gelooft, kijk dan eens rond in onze wereld. Verslaving, hebzucht, haat, moord, liegen, angst en woede tieren welig. Of kijk gewoon naar een 2-jarige. Ze hebben niet geleerd egoïstisch of uitdagend te zijn. Het komt gewoon vanzelf! En hoe zit het met al die keren dat je tegen jezelf hebt gezegd: 'Dat ga ik nooit meer doen!', maar je terugkeert naar juist dat gedrag of de houding waar je van walgt? Dit zijn perfecte voorbeelden van de menselijke natuur – de zondige natuur – in de kern.

Zelfs mensen waarvan wij denken dat ze 'aardig' zijn, zijn niet vrij van zonde. Johannes 16:9 vertelt ons dat de grootste zonde van allemaal is het weigeren te geloven in Jezus, die God Zelf is. Dit komt omdat Jezus "De Weg, de Waarheid en het Leven" is, en niemand kan zonder Hem tot God de Vader komen (Johannes 14:6[10]).

De zonde is een meedogenloze vijand en zal je altijd overwinnen als je haar niet onderwerpt (Genesis 4:7[11]; 2 Petrus 2:19[12]). Dat is de reden dat we nooit echte vrede of voldoening vinden als we onszelf proberen te bevredigen door geld en status na te jagen. , seks, macht, roem, verlangens of bezittingen. Als we ernaar streven onszelf te dienen, zal er altijd een leegte in onze ziel ontstaan, omdat we geschapen zijn om vreugde en vervulling te vinden door in een intieme relatie met God te leven, Hem lief te hebben en Hem te dienen.

Helaas zal het grootste deel van de wereld nooit tot geloof in Christus komen. Het is een kostbare beslissing, en Hij eist onze volledige trouw. Leven voor Jezus zal elk aspect van ons leven omvatten: onze geest, onze verlangens, onze wil, onze emoties, ons lichaam, onze keuzes, onze financiën en onze toekomst.

Ik heb het niet gedaan!

Een van de grootste obstakels bij de keuze om in Christus te leven is dat we de verantwoordelijkheid voor onze zonden willen minimaliseren. De meesten van ons hebben moeite om toe te geven dat we ongelijk hebben, en het is zelfs nog moeilijker om ons gedrag te veranderen als we ongelijk hebben. En we moeten beseffen dat het feit dat we de 'grote' zonden niet begaan, zoals liegen, moord, seksuele promiscuïteit of stelen, niet betekent dat we vrij zijn van zonde. Er liggen talloze overtredingen in ons hart op de loer, zoals roddels, angst, haat, onverdraagzaamheid, egoïsme, grofheid, trots en dergelijke.

Bovendien vertelt de Bijbel ons wat andere vormen van zonde zijn, zoals "weten wat goed is en het niet doen", en "weten dat iets verkeerd is en het toch doen" (Jakobus 4:17[13]; Romeinen 14:23[14]). Onze zondige toestand kan vrij goed worden samengevat in 1 Johannes 2:15-17[15].

Of we het nu toegeven of niet, we hebben een wanhopige behoefte aan vergeving van God en anderen. Dit is een essentieel onderdeel voor het leven in gezonde relaties. We weten instinctief dat er goed en kwaad is, en dat we vergeving nodig hebben voor de dingen die we hebben gedaan. Vergeving brengt vrede in ons hart door de barrière van schuld en schaamte weg te nemen die tussen onszelf, anderen en God bestaat. In ons volgende hoofdstuk zullen we het onderwerp bekering bespreken, dat onze beslissing beschrijft om onze aandacht van het 'zelf' af te wenden en ons leven doelbewust in Gods handen te leggen.

Onze keuze bepaalt onze eeuwigheid

Sommige mensen geloven dat God gemeen en boos is, en dat Hij alleen maar wacht om ons te betrappen als we zondigen. Maar dit is een leugen. Hij houdt van ons en wil niets liever dan een nauwe relatie met ons hebben. Wat de meeste mensen niet begrijpen is dat God niet degene is die mensen naar de hel stuurt. Ze gaan naar de hel omdat ze weigeren hun leven aan Hem te onderwerpen (Romeinen 1:18-25[16]).

De waarheid is dat Gods armen wijd open staan, klaar om degenen te ontvangen die spijt hebben van hun zonden en ervoor kiezen Hem lief te hebben (Jesaja 65:1-2[17]). Het is absoluut noodzakelijk dat we weten dat het volledig onze keuze is waar we de eeuwigheid zullen doorbrengen. De zonde in ons zal zich altijd verzetten tegen alles waar God voor staat. Maar we hebben een Verlosser die precies met het doel kwam om ons van onze zonden te bevrijden.

Jezus nam onze zonden, schuld en schaamte op Zich toen Hij aan het kruis stierf. Maar vergis je niet: hoewel Hij volledig liefde is, is Hij ook volledig rechtvaardig. Hij heeft ons lief, maar Hij zal de zonde niet door de vingers zien. Als we ervoor kiezen Hem af te wijzen, betekent dat voor ons dat we voor eeuwig verloren zijn.

Nogmaals, het is onze keuze waar we de eeuwigheid doorbrengen. Er zal een dag komen waarop we allemaal onze Schepper onder ogen zullen zien en verantwoording zullen afleggen voor de manier waarop we hebben geleefd (Romeinen 14:11-12[18]).

Kies Hem nu, nu je nog tijd van leven hebt.

Als je Jezus nog niet in je leven hebt gevraagd, of als je Hem al eerder hebt gekend en nu los van Hem leeft, kun je dit gebed als leidraad gebruiken om Hem te vragen de Heer van je leven te worden. 'Heer' is een van de titels die voor Jezus worden gebruikt en omvat een liefdevolle vriend en een gerespecteerde meester. Hij moet beide posities innemen in jouw relatie met Hem.

Lieve Jezus,

Ik weet dat ik U doelbewust heb afgewezen. Ik heb ervoor gekozen om op mijn voorwaarden te leven en keuzes te maken waarvan ik weet dat ze in strijd zijn met Uw wegen, waarvan ik nu weet dat ze zondig zijn. En ik besef dat deze keuzes mij eenzaam, boos, leeg en ontevreden hebben gemaakt. Ik vraag nu om Uw vergeving. Ik wil vervuld worden met vreugde, vrede en hoop, en ik geloof dat alleen U degene bent die mij echt leven biedt. Dus ik vraag U om alstublieft in mijn hart te komen en mij te vullen met Uw Geest. Help mij om bereid te zijn mijn oude leven achter mij te laten en het nieuwe leven te omarmen dat U voor mij heeft gepland. Ik kies ervoor om U met mijn hele wezen te volgen, zelfs als ik niet alles begrijp wat U doet. Ik verbind mij ertoe U te zoeken in Uw Bijbel en in gebed, en een Bijbelgetrouwe kerk te vinden, zodat ik in mijn nieuwe geloof kan groeien. In Jezus Naam, Amen.

Keer je vandaag af van je zonden en ontvang vergeving van God en de kracht om een nieuw leven te beginnen!

HOOFDSTUK 1
-BIJBELVERZEN-

1. **Genesis 3:19-** Van alle in het wild levende dieren die de HEER God gemaakt had, was de slang het sluwst. Dit dier vroeg aan de vrouw: 'Heeft God werkelijk gezegd dat jullie van geen enkele boom in de tuin mogen eten?' 2'We mogen de vruchten van alle bomen eten,' antwoordde de vrouw, 3'behalve die van de boom in het midden van de tuin. God heeft ons verboden van de vruchten van die boom te eten of ze zelfs maar aan te raken; doen we dat toch, dan zullen we sterven.' 4'Jullie zullen helemaal niet sterven,' zei de slang. 5'Integendeel, God weet dat jullie de ogen zullen opengaan zodra je daarvan eet, en dat jullie dan als God zullen zijn en kennis zullen hebben van goed en kwaad.' 6De vrouw keek naar de boom. Zijn vruchten zagen er heerlijk uit, ze waren een lust voor het oog, en ze vond het aanlokkelijk dat de boom haar wijsheid zou schenken. Ze plukte een paar vruchten en at ervan. Ze gaf ook wat aan haar man, die bij haar was, en ook hij at ervan. 7Toen gingen hun beiden de ogen open en merkten ze dat ze naakt waren. Daarom regen ze vijgenbladeren aan elkaar en maakten er lendenschorten van. 8Toen de mens en zijn vrouw de HEER God in de koelte van de avondwind door de tuin hoorden wandelen, verborgen zij zich voor Hem tussen de bomen. 9Maar de HEER God riep de mens: 'Waar ben je?' 10Hij antwoordde: 'Ik hoorde U in de tuin en werd bang omdat ik naakt ben; daarom ver-

borg ik me.' 11'Wie heeft je verteld dat je naakt bent? Heb je soms gegeten van de boom waarvan Ik je verboden had te eten?' 12De mens antwoordde: 'De vrouw die U mij hebt gegeven om mij terzijde te staan, gaf mij vruchten van de boom en toen heb ik ervan gegeten.' 13'Waarom heb je dat gedaan?' vroeg de HEER God aan de vrouw. En zij antwoordde: 'De slang heeft me misleid en toen heb ik ervan gegeten.' 14De HEER God zei tegen de slang: 'Vervloekt ben jij dat je dit hebt gedaan, het vee zal je voortaan mijden, wilde dieren wenden zich af; op je buik zul je kruipen en stof zul je eten, je hele leven lang. 15Vijandschap sticht Ik tussen jou en de vrouw, tussen jouw nageslacht en het hare; dat verbrijzelt jou de kop, jij bijt het in de hiel.' 16Tegen de vrouw zei Hij: 'Je zwangerschap maak Ik tot een zware last, zwoegen zul je als je baart. Je zult je man begeren, en hij zal over je heersen.' 17Tegen de mens zei Hij: 'Je hebt geluisterd naar je vrouw, gegeten van de boom die Ik je had verboden. Vervloekt is de akker om wat jij hebt gedaan, zwoegen zul je om ervan te eten, je hele leven lang. 18Dorens en distels zullen er groeien, toch moet je van zijn gewassen leven. 19Zweten zul je voor je brood, totdat je terugkeert tot de aarde, waaruit je bent genomen: stof ben je, tot stof keer je terug.'

2. **Jeremia 17:9** Niets is zo onbetrouwbaar als het hart, onverbeterlijk is het, wie zal het kennen?

3. **Efeziërs 2:1-3:** U was dood door de misstappen en zonden 2waarmee u voorheen de weg ging van de god van deze wereld, de heerser over de machten in de lucht, de geest die nu werkzaam is in hen die God ongehoorzaam zijn. 3Eens leefden wij allen net als zij: wij volgden onze wereldse begeerten en alle aardse verlangens die in ons opkwamen en stonden van nature bloot aan Gods toorn, net als ieder ander.

4. **Kolossenzen 2:13** U was dood door uw zonden en door uw onbesneden staat, maar God heeft u samen met Christus levend gemaakt toen Hij ons al onze zonden kwijtschold.

5. **Romeinen 3:10** Zo staat er ook geschreven: Er is geen mens rechtvaardig, zelfs niet één

6. **1 Petrus 1:15** Leid een leven dat in alle opzichten heilig is, zoals Hij die u geroepen heeft heilig is

7. **Romeinen 5:1-21** Nu wij rechtvaardig verklaard zijn op grond van geloof, leven we in vrede met God, door onze Heer Jezus Christus. $_2$Dankzij Hem hebben we door het geloof toegang gekregen tot Gods genade, die ons fundament is, en mogen we ons laten voorstaan op de hoop om in zijn luister te delen. $_3$En dat niet alleen, we laten ons zelfs voorstaan op de ellende die we ondervinden, omdat we weten dat ellende tot volharding leidt, $_4$volharding tot betrouwbaarheid, en betrouwbaarheid tot hoop. $_5$Deze hoop zal niet worden beschaamd, omdat Gods liefde in ons hart is uitgegoten door de heilige Geest, die ons gegeven is. $_6$Toen wij nog hulpeloos waren is Christus immers voor ons, die op dat moment nog schuldig waren, gestorven. $_7$Er is bijna niemand die voor een rechtvaardig mens wil sterven; slechts een enkeling durft voor een goed mens zijn leven te geven. $_8$Maar God bewijst ons zijn liefde, doordat Christus voor ons gestorven is toen wij nog zondaars waren. $_9$Des te zekerder is het dus dat wij, nu we door zijn dood zijn vrijgesproken, dankzij Hem gered zullen worden en niet veroordeeld. $_{10}$Werden we in de tijd dat we nog Gods vijanden waren al met Hem verzoend door de dood van zijn Zoon, des te zekerder is het dat wij, nu we met Hem zijn verzoend, gered zullen worden door diens leven. $_{11}$En meer nog: we mogen ons hierbij laten voorstaan op God, dankzij onze Heer Jezus Christus, door wie wij nu al met

God zijn verzoend. ₁₂Daarom, zoals door één mens de zonde in de wereld is gekomen en door de zonde de dood, en de dood voor ieder mens is gekomen omdat ieder mens heeft gezondigd ... ₁₃Inderdaad, de zonde was al in de wereld voordat de wet er was; alleen, zonder wet wordt er van de zonde geen rekening bijgehouden. ₁₄Toch heerste de dood in de tijd van Adam tot Mozes over alle mensen, ook al zondigden zij niet zoals Adam door een gebod te overtreden. Nu is Adam de voorafbeelding van Hem die komen zou. ₁₅Maar de genade reikt verder dan de overtreding: als door de overtreding van één mens alle mensen moesten sterven, is het des te zekerder dat de genade van God, het geschenk dat we danken aan die ene mens, Jezus Christus, aan alle mensen overvloedig geschonken wordt. ₁₆Dit geschenk gaat het gevolg van de zonde van één mens verre te boven, want die ene overtreding heeft tot veroordeling geleid, maar de genade die na talloze overtredingen geschonken werd, tot vrijspraak. ₁₇Als de dood kon gaan heersen door de overtreding van één mens, is het des te zekerder dat allen die de genade en de vrijspraak in zo'n overvloed hebben ontvangen, zullen heersen in het eeuwige leven, dankzij die ene mens, Jezus Christus. Kortom, zoals de overtreding van één enkel mens ertoe heeft geleid dat allen werden veroordeeld, zo zal de rechtvaardigheid van één enkel mens ertoe leiden dat allen worden vrijgesproken en daardoor zullen leven. ₁₉Zoals door de ongehoorzaamheid van één mens alle mensen zondaars werden, zo zullen door de gehoorzaamheid van één mens alle mensen rechtvaardigen worden. ₂₀En later is de wet erbij gekomen, zodat de overtredingen toenamen; maar waar de zonde toenam, werd de genade alleen maar overvloediger. ₂₁Want zoals de zonde heeft geheerst en tot de dood heeft geleid, zo moest door de vrijspraak de genade heersen en tot het eeuwige leven leiden, dankzij Jezus Christus, onze Heer.

8. **Romeinen 7:14 tot Romeinen 8:8** Wij weten dat de wet het werk van de Geest is, maar door mijn natuur ben ik uitgeleverd aan de zonde. $_{15}$Wat ik doe, doorzie ik niet, want ik doe niet wat ik wil, ik doe juist wat ik haat. $_{16}$Maar wanneer mijn daden in strijd zijn met mijn wil, dan erken ik dat de wet goed is. $_{17}$Dan ben ik het niet die handelt, maar de zonde die in mij heerst. $_{18}$Immers, ik besef dat in mij, in mijn eigen natuur, het goede niet aanwezig is. Ik wíl het goede wel, maar het goede doen kan ik niet. $_{19}$Wat ik verlang te doen, het goede, laat ik na; wat ik wil vermijden, het kwade, dat doe ik. $_{20}$Maar wanneer mijn daden in strijd zijn met mijn wil, ben ik daar niet zelf de oorzaak van, maar de zonde die in mij heerst. $_{21}$Ik ontdek in mij de wetmatigheid dat het kwade zich aan mij opdringt, ook al wil ik het goede doen. $_{22}$Innerlijk stem ik vol vreugde in met de wet van God, $_{23}$maar in alles wat ik doe zie ik die andere wet. Hij voert strijd tegen de wet waarmee ik met mijn verstand instem en maakt van mij een gevangene van de wet van de zonde, die in mij leeft. $_{24}$Wie zal mij, ongelukkig mens, redden uit dit bestaan dat beheerst wordt door de dood? $_{25}$Dat doet God! Dank aan hem door Jezus Christus, onze Heer. Met mijn verstand onderwerp ik mij aan de wet van God, maar door mijn natuur onderwerp ik mij aan de wet van de zonde.

9. **Romeinen 8:1-8** Dus wie in Christus Jezus zijn, worden niet meer veroordeeld. $_{2}$De wet van de Geest die in Christus Jezus leven brengt, heeft u bevrijd van de wet van de zonde en de dood. $_{3}$Waartoe de wet niet in staat was, machteloos als hij was door de menselijke natuur, dat heeft God tot stand gebracht. Vanwege de zonde heeft hij zijn eigen Zoon als mens

in dit zondige bestaan gestuurd; zo heeft hij in dit bestaan met de zonde afgerekend, ₄opdat in ons wordt volbracht wat de wet van ons eist. Ons leven wordt immers niet langer beheerst door onze eigen natuur, maar door de Geest. ₅Wie zich door zijn eigen natuur laat leiden is gericht op wat hij zelf wil, maar wie zich laat leiden door de Geest is gericht op wat de Geest wil. ₆Wat onze eigen natuur wil brengt de dood, maar wat de Geest wil brengt leven en vrede. ₇Onze eigen wil staat vijandig tegenover God, want hij onderwerpt zich niet aan zijn wet en is daar ook niet toe in staat. ₈Wie zich door zijn eigen wil laat leiden, kan God niet behagen.

10. **1 Johannes 3:4-10** Ieder die zondigt overtreedt Gods wet, want zondigen is Gods wet overtreden. ₅U weet dat Jezus verschenen is om de zonden weg te nemen; er is in hem geen zonde. ₆Ieder die in hem blijft, zondigt niet. Ieder die zondigt, heeft hem nooit gezien en kent hem niet.₇ Kinderen, laat niemand u misleiden: wie rechtvaardig leeft is een rechtvaardige, zoals ook Jezus rechtvaardig is, ₈en wie zondigt komt uit de duivel voort, want de duivel heeft vanaf het begin gezondigd. De Zoon van God is dan ook verschenen om de daden van de duivel teniet te doen. ₉Wie uit God geboren is zondigt niet, want Gods zaad is blijvend in hem. Hij kán zelfs niet zondigen, want hij is uit God geboren. ₁₀Hieraan is te zien wie kinderen van God en wie kinderen van de duivel zijn: wie niet rechtvaardig leeft, komt niet uit God voort. Hetzelfde geldt voor wie zijn broeder of zuster niet liefheeft.

11. **Johannes 14:6** Jezus zei: 'Ik ben de weg, de waarheid en het leven. Niemand kan bij de Vader komen dan door mij

12. **Genesis 4:7** Handel je goed, dan kun je toch iedereen recht in de ogen kijken? Handel je slecht, dan ligt de zonde op de loer, begerig om jou in haar greep te krijgen; maar jij moet sterker zijn dan zij.

13. **2 Petrus 2:19** Ze beloven vrijheid, maar zijn zelf slaven van het verderf, want waar men door beheerst wordt, daarvan is men slaaf.

14. **Jakobus 4:17** Als iemand weet hoe het hoort maar er niet naar handelt, dan zondigt hij.

15. **Romeinen 14:23** maar wie met zichzelf in conflict komt door wat hij eet, is op dat moment al veroordeeld. Want dan komt het niet voort uit geloof, en alles wat niet uit geloof voortkomt is zondig.

16. **1 Johannes 2:15-17** Heb de wereld en wat in de wereld is niet lief. Als iemand de wereld liefheeft, is de liefde van de Vader niet in hem, 16 want alles wat in de wereld is – begeerte, inhaligheid, pronkzucht – , dat alles komt niet uit de Vader voort maar uit de wereld. 17 De wereld met haar begeerte gaat voorbij, maar wie Gods wil doet blijft tot in eeuwigheid.

17. **Romeinen 1:18-25** Vanuit de hemel openbaart Gods toorn zich over al het kwaad en onrecht van hen die met hun onrechtvaardigheid de waarheid geweld aandoen. 19 Want wat een mens over God kan weten is hun bekend omdat God het aan hen kenbaar heeft gemaakt. 20 Zijn onzichtbare eigenschappen zijn vanaf de schepping van de wereld zichtbaar in zijn werken: zijn eeuwige kracht en goddelijkheid zijn voor het verstand waarneembaar. Er is dus niets waardoor zij te verontschuldigen zijn. 21 Want hoewel ze God kennen, hebben ze Hem niet de eer en de dank gebracht die Hem toekomen. Hun overpeinzingen zijn volkomen zinloos en hun onverstandig hart is verduisterd. 22 Terwijl ze beweren wijs te zijn, zijn ze dwaas geworden 23 en hebben ze de majesteit van de onvergankelijke God ingewisseld voor beelden van vergankelijke mensen, vogels, lopende en kruipende dieren. 24 Daarom heeft God hen uitgeleverd aan hun zedeloze

begeerten, waardoor ze hun lichaam onteren. 25 Ze hebben de waarheid over God ingewisseld voor de leugen; ze vereren en aanbidden het geschapene in plaats van de schepper, die moet worden geprezen tot in eeuwigheid. Amen.

18. **Jesaja 65:1-2** Al vragen zij niet naar mij, toch laat ik me raadplegen, en al zoeken ze mij niet, toch laat ik me vinden. Al roept dit volk mijn naam niet aan, toch antwoord ik: 'Hier ben ik, hier ben ik.' $_2$Heel de dag sta ik met uitgestoken handen tegenover een opstandig volk, dat op de verkeerde weg is en zijn eigen ingevingen volgt.

19. **Romeinen 14:11-12** want er staat geschreven: 'Zo waar Ik leef – zegt de Heer –, voor Mij zal elke knie zich buigen, en elke tong zal God loven.' 12 Ieder van ons zal dus over zichzelf verantwoording tegenover God moeten afleggen.

HOOFDSTUK 2
-BEROUW-

Veel mensen vluchten voor het idee van een relatie met God. Ze proberen hun hele leven al het mogelijke te doen om 'gelukkig en vervuld' te zijn, maar ze verzetten zich dwaas en doelbewust tegen de ENE persoon die hen werkelijk een diepe en blijvende vreugde kan brengen! Voor een relatie met God is bekering nodig.

De ware betekenis van bekering wordt vaak verkeerd begrepen. Sommige mensen vinden zich te goed om voor wie dan ook hun knie te buigen. Velen krimpen ineen bij de gedachte hun leven te veranderen, omdat het klinkt als iets dat hun al hun plezier en genot zal afpakken. Maar de waarheid is dat we door bekering echte vrijheid verkrijgen, en dat we ware vrede en vreugde ontvangen. Het betekent dat we besluiten ons oude gedrag op te geven en het nieuwe leven te omarmen dat God ons aanbiedt. Het is het zich afkeren van de zonde en zich tot Jezus wenden.

Ik geloof dat er drie essentiële fases zijn die we moeten doorlopen om echt berouw te ervaren en intiem te worden met onze Heiland. Het zijn: geloof, nederigheid en overgave. Er is een diepgaander hoofdstuk over geloof in dit boek, maar ik heb het onderwerp hier gebruikt om de noodzaak van geloof op het pad tot bekering uit te leggen.

Geloof

Geloof – dat is ons geloof in God – dat is waarmee deze prachtige relatie met onze Schepper begint. We moeten eerst *geloven* dat Hij bestaat, omdat alles wat volgt afhangt van dit geloof. Maar het stopt niet alleen bij ons *mentale geloof* in Hem; we moeten de volgende stap zetten door Hem willens en wetens onze levens te laten regeren (Efeziërs 4:20-24[1]).

Simpelweg erkennen dat 'er ergens een God is' is geen echt geloof. De Bijbel zegt: "Zelfs de demonen geloven (*dat God bestaat*), en *zij sidderen van angst*" (Jakobus 2:19[2]; *cursivering van mi*j). Echt geloof is een geschenk van God, en dit soort geloof leidt ons naar een **actieve beslissing** om God te vertrouwen en een relatie met Hem te gaan.

Authentiek geloof is als een levend organisme. Het blijft noodzakelijk om doelbewuste veranderingen door te voeren om te kunnen groeien. Hoe beangstigend deze nieuwe reis ook mag lijken, *echt geloof* zal je de vastberadenheid geven om een levenslange zoektocht te beginnen naar een diepere vereniging met God door Jezus Christus.

Nederigheid

Bekering vereist nederigheid. Nederigheid betekent eigenlijk gewoon toegeven dat God het enige volmaakte Wezen in het universum is, en dat we zonder Zijn hulp ons leven niet met succes kunnen leiden zoals Hij het voor ons bedoeld heeft. We ontdekken dat **rebellie** het tegenovergestelde van nederigheid is. Als we in zonde leven, tonen we geen nederigheid. We zeggen eigenlijk: 'Ik leid het leven op *mijn eigen manier*'.

Als we ervoor kiezen om in opstand tegen God te leven, zijn we eigenlijk vol **trots**. En als we worden gedomineerd door trots – *wat leidt tot* ongehoorzaamheid aan God – nemen we geen advies ter harte, en hebben we geen enkel verlangen om onze manier van doen te veranderen (2 Korintiërs 7:10 [3]). Wij weigeren onze wil voor wie dan ook te buigen, zelfs voor de *Almachtige*. Maar het is onmogelijk om voor Christus te leven zonder nederigheid, omdat we voortdurend tegen Hem zullen vechten om de '*macht*' in ons leven. Dit zal elke intimiteit of groei die we hopen te bereiken, vernietigen.

Overgave

Mensen zijn vaak bang om zich aan God over te geven, omdat ze niet bereid zijn goddeloos gedrag in hun leven op te geven. Instinctief beseffen mensen wel dat er enkele veranderingen zullen moeten worden doorgevoerd als ze verantwoording aan God moeten afleggen. Dit kan beangstigend zijn, omdat het aangaan van een relatie met God betekent dat we de controle over ons leven *aan iemand anders zullen moeten overdragen.*

Ironisch genoeg blijven we vaak in dezelfde oude sleur zitten, ongeacht hoe lelijk of disfunctioneel ons leven ook is. Soms lijkt het gewoon veiliger om in onze chaos te blijven dan ons oude leven achter ons te laten en het nieuwe leven te omarmen dat Jezus ons aanbiedt. Het is hetzelfde principe als waarom mensen in gewelddadige relaties of giftige omgevingen blijven – ze worden gedreven door hun angst.

Anderen vermijden een intieme relatie met God omdat ze denken dat het saai zal zijn om christen te worden, of dat ze als 'raar' of 'intolerant' zullen worden bestempeld. Of ze zijn getuige van iemand die *zegt* christen te zijn, maar de christen handelt zo goddeloos dat de ongelovige ten onrechte gelooft dat 'het christendom niet werkt'. Tragisch genoeg zorgen deze hypocrieten ervoor dat ongelovigen denken dat Jezus zwak en waardeloos is. Een andere veel voorkomende reden waarom mensen God mijden, is omdat ze gekwetst zijn door christenen, of omdat ze de kerk als irrelevant of onvruchtbaar hebben ervaren.

Ik geloof echter dat de meest accurate reden waarom mensen Jezus Christus afwijzen, is dat Hij de Waarheid IS. Daarom zullen ze de waarheid onder ogen zien naarmate ze intiemer met Hem worden. Dit kan angstaanjagend zijn, omdat ze zichzelf niet eerlijk onder ogen durven te komen. Ze zijn bang dat wat ze zien niet leuk zal zijn als ze zichzelf zorgvuldig onderzoeken. Angst is waarschijnlijk de grootste reden waarom mensen God en Zijn volk afwijzen.

Laten we eerlijk zijn: we hebben allemaal het lijden en de negatieve gevolgen meegemaakt die voortkomen uit het leven volgens onze eigen regels (Galaten 5:16-17 [4], Galaten 19-21 [5]). Het goede nieuws is dat we vaak merken dat onze zoektocht naar God begint als we ons ontevreden, leeg, bedroefd, schuldig of onbeheerst voelen. Iets vertelt ons dat er meer is in het leven, en we weten diep van binnen dat we dat missen, wat het ook is.

Het ons werkelijk aan God overgeven zal ons hart, onze geest en onze levensstijl veranderen, zodat we meer het karakter van Jezus weerspiegelen, zoals uiteengezet in 1 Korintiërs 13:4-7 [6] en Galaten 5:22-24 [7]. God zegt dat als we Hem werkelijk verlangen en naar Hem zoeken, Hij gevonden zal worden (Deuteronomium 4:29 [8]). Het ervaren van intimiteit met God brengt ons het leven, de volheid, het doel, de vreugde en de vrede waar onze ziel altijd naar heeft verlangd.

We hebben allemaal de resultaten gezien van onze eigen egoïstische keuzes. Als we eerlijk zijn, zullen we toegeven dat we niet anders kunnen dan beslissingen nemen die in strijd zijn met Gods wil. En ons ongeluk is altijd de vrucht die we dragen als we zonder Hem leven. De vraag is dus: "Hoe vaak moeten we ons bedolven voelen door schaamte, ellende, eenzaamheid of pijn – voordat we ons onderwerpen aan de God die van ons houdt?"

Op naar bekering

Bekering betekent eigenlijk '180 graden draaien'. In het leger werd deze term gebruikt wanneer soldaten een ommekeer uitvoerden:

ze marcheerden in de ene richting en draaiden zich vervolgens om, zodat ze in de tegenovergestelde richting bewogen. In geestelijke termen is bekering ook een 'omkering', zowel in de houding van ons hart als in onze daden. Wij keren ons af van de zonde – en naar God toe.

Om Jezus in ons hart te accepteren en Hem onze levens te laten veranderen, moeten we het feit accepteren dat we zondaars zijn, en bedroefd zijn over de manier waarop we zonder Hem hebben geleefd (Jesaja 57:15 [9]; Mattheüs 4:17 [10]; Handelingen 2:38 [11]; Handelingen 20:21 [12]). Dat is het 'hart' van bekering. We moeten ook erkennen dat als we zonder Christus leven, we op weg zijn naar eeuwige hopeloosheid.

Bekering is niet alleen het cruciale proces waardoor we God aanvankelijk leren kennen, maar het moet ook een voortdurende praktijk worden in ons christelijk leven. Het bedroefd toegeven van onze tekortkomingen moet altijd volgen op onze zondige daden. Onze zonde belijden en ons ervan afkeren is de 'actie' van bekering. Bekering is zo mooi, omdat het het vermogen heeft om onze ziel te reinigen en onze relatie met God en anderen te herstellen.

Een andere verbazingwekkende waarheid over bekering is dat wanneer we de betaling van Jezus (zijn dood) voor onze zonden oprecht aanvaarden, Hij ons snel vergeeft. Veel mensen hebben grote moeite dit te geloven, omdat ze denken dat ze moeten blijven betalen voor de zonde die ze hebben begaan. Deze misvatting impliceert dat Jezus niet genoeg gedaan zou hebben om voor onze zonden te betalen – dat Hij onze hulp nodig heeft. Hoewel we de natuurlijke gevolgen van onze zonde onder ogen zullen moeten zien en ons moeten inspannen om deze in de toekomst te vermijden, vergeeft God ons volledig als we met oprecht berouw tot Hem komen.

Het is duidelijk dat we fouten zullen maken, omdat we niet perfect zijn. Maar onze zonde zou een uitzondering moeten zijn, geen gewoonte. Als we de praktijk van bekering goed leren, zal dit ons hart zacht en leerzaam houden. We zullen dan rust voor onze ziel vinden door Gods vergeving elke keer dat we struikelen (1 Johannes 1:9-10 [13]). Vers 10 in deze passage spreekt over "het verharden van ons hart" – wat kan gebeuren als we herhaaldelijk weigeren ons te bekeren en terug te keren naar Gods wegen. Zijn vergeving mag nooit een excuus zijn om te doen wat we willen, waardoor we Zijn goedheid lichtvaardig opvatten.

Doe iets!

Wanneer we Christus als onze Meester kiezen, beginnen we van richting te veranderen, van onze oude levensstijl naar God toe. We beginnen keuzes te maken die Hem behagen, in plaats van onszelf zelfzuchtig te plezieren. En dit is het moment waarop we *het overvloedige leven* dat Jezus biedt, zullen ervaren.

We kunnen dit echter alleen doen door de kracht van de Heilige Geest, die ook God is. Proberen een christelijk leven te leiden zonder de Geest resulteert altijd in *religie* – wat eigenlijk zinloze slavernij is. In een latere les zullen we meer over de Heilige Geest leren.

Zoals in elke relatie moeten beide partijen zich inspannen om een vitale verbinding tot stand te brengen. God heeft Zijn liefde voor ons al bewezen door Jezus' dood aan het kruis. Nu is het onze verantwoordelijkheid om alles te doen wat in onze macht ligt om dicht bij de Heer te blijven en Hem onze nieuwe prioriteit te maken (Mattheüs 6:33 [14]).

Als wij Christus actief volgen, blijft Hij aan onze zijde en geeft Hij ons de kracht en leiding die we nodig hebben om Zijn wil te doen. Hij vindt het heerlijk om dit te doen (2 Samuël 22:20 [15]; Psalm 18:20 [16]; Psalm 37:23 [17])! Een prachtig beeld van ons leven 'voor en na' vinden we in Jesaja 62:4 [18]. Je zult niet langer verlaten zijn (eenzaam, wanhopig en leeg), maar je zult Gods eigen geliefde schat zijn (Deuteronomium 14:2 [19]; Deuteronomium 26:18 [20]).

Hoe meer we onze wil voor de Heiland buigen, hoe meer we op Hem gaan lijken. Het delen en belijden van onze tekortkomingen en mislukkingen met God is een essentieel onderdeel van het groeien en leven in een vruchtbaar christelijk leven. Jezus belooft niet dat het gemakkelijk zal zijn om Hem consequent te volgen. Hij verandert misschien niet onze omstandigheden, maar Hij belooft bij ons te zijn. Het plezier om Hem te kennen en te dienen is ongetwijfeld het meest bevredigende en opwindende leven dat je je kunt voorstellen!

We zullen dichter tot de Heer groeien als we ons regelmatig bekeren. En door naar de kerk te gaan, de Bijbel te lezen, te bidden en tijd door te brengen met anderen die oprecht christelijke waarden naleven, zullen onze gedachten en daden meer in lijn komen met Gods wil.

Deze nieuwe manier van leven komt niet vanzelf en het zal ook niet snel gebeuren! Het kost tijd en moeite om nieuwe houdingen en levenspatronen te ontwikkelen. Maar onthoud, Jezus belooft ons alle hulp te geven die we nodig hebben van Zijn Heilige Geest als we onze oude levens achter ons laten en het nieuwe leven omarmen dat Hij genadig aanbiedt (Romeinen 8: 9-14 [21]).

 *Jezus verlangt ernaar om ons leven te veranderen voor ons welzijn en Zijn glorie!*

HOOFDSTUK 2
-BIJBELVERZEN-

1. **Efeziërs 4:20-24** Maar zo hebt u Christus niet leren kennen! ₂₁U hebt toch over hem gehoord, u hebt toch onderricht over hem gekregen? Door Jezus wordt duidelijk ₂₂dat u uw vroegere levenswandel moet opgeven en de oude mens, die te gronde gaat aan bedrieglijke begeerten, moet afleggen, ₂₃dat uw geest en uw denken voortdurend vernieuwd moeten worden ₂₄en dat u de nieuwe mens moet aantrekken, die naar Gods wil geschapen is in waarachtige rechtvaardigheid en heiligheid.

2. **Jakobus 2:19** U gelooft dat God de enige is? Daar doet u goed aan. Maar de demonen geloven dat ook, en ze sidderen.

3. **2 Korintiërs 7:10** Oprecht verdriet ten overstaan van God leidt namelijk tot inkeer en redding; daarvan krijgt men nooit spijt. Verdriet zoals de wereld kent leidt daarentegen tot de dood.

4. **Galaten 5:17-** Ik zeg u dus: laat u leiden door de Geest, dan zult u niet toegeven aan aardse begeerten. 17 De aardse begeerte gaat in tegen de Geest, en wat de Geest verlangt gaat in tegen de aardse begeerte. Het een is in strijd met het ander, en u kunt dus niet zomaar doen wat u wilt.

5. **Galaten 5:19-21** De praktijken waartoe de aardse begeerte aanzet zijn bekend: ontucht, zedeloosheid en losbandig-

heid, 20 afgoderij en toverij, vijandschap, tweespalt, jaloezie en woede, gekonkel, geruzie en rivaliteit, 21 afgunst, bras- en slemppartijen, en nog meer van dat soort dingen. Ik herhaal de waarschuwing die ik u al eerder gaf: wie zich aan deze dingen overgeven, zullen geen deel hebben aan het koninkrijk van God.

6. **1 Korintiërs 13:4-7** De liefde is geduldig en vol goedheid. De liefde kent geen afgunst, geen ijdel vertoon en geen zelfgenoegzaamheid. 5 Ze is niet grof en niet zelfzuchtig, ze laat zich niet boos maken en rekent het kwaad niet aan, 6 ze verheugt zich niet over het onrecht maar vindt vreugde in de waarheid. 7 Alles verdraagt ze, alles gelooft ze, alles hoopt ze, in alles volhardt ze.

7. **Galaten 5:22-24** Maar de vrucht van de Geest is liefde, vreugde en vrede, geduld, vriendelijkheid en goedheid, geloof, 23 zachtmoedigheid en zelfbeheersing. Er is geen wet die daar iets tegen heeft. 24 Wie Christus Jezus toebehoort, heeft zijn aardse natuur met alle hartstocht en begeerte aan het kruis geslagen.

8. **Deuteronomium 4:29** Maar ten slotte zult u de HEER, uw God, weer zoeken, en Hem ook vinden, als u Hem met hart en ziel zoekt.

9. **Jesaja 57:15** Dit zegt Hij die hoog is en verheven, die troont in eeuwigheid heilig is zijn naam: In hoogheid en heiligheid zal Ik tronen met hen die gebroken zijn en nederig van geest, opdat de nederige geest herleeft, opdat het verbrijzelde hart tot leven komt

10. **Mattheüs 4:17** Vanaf dat moment begon Jezus zijn verkondiging. 'Kom tot inkeer,' zei Hij, 'want het koninkrijk van de hemel is nabij!'

11. **Handelingen 2:38** Petrus antwoordde: 'Kom tot inkeer en laat u allen dopen in de naam van Jezus Christus om vergeving te krijgen voor uw zonden. Dan zal de heilige Geest u geschonken worden,

12. **Handelingen 20:21** Zowel Joden als Grieken heb ik opgeroepen zich te bekeren tot God en te geloven in Jezus Christus, onze Heer.

13. **1 Johannes 1:9**-10 Belijden we onze zonden, dan zal Hij, die trouw en rechtvaardig is, ons onze zonden vergeven en ons reinigen van al het onrecht dat wij bedrijven. 10 Als we zeggen dat we nooit gezondigd hebben, maken we Hem tot een leugenaar en is zijn woord niet in ons.

14. **Mattheüs 6:33** Zoek liever eerst het koninkrijk van God en zijn gerechtigheid, dan zullen al die andere dingen je erbij gegeven worden.

15. **2 Samuel 22:20** Hij leidde mij uit de nood en gaf mij ruimte, bevrijdde mij, omdat hij mij liefhad.

16. **Psalm 18:20** Hij leidde mij weg uit de nood en gaf mij ruimte, bevrijdde mij, omdat hij mij liefhad.

17. **Psalm 37:23** Wie de HEER welgevallig is, mag zijn weg gaan met vaste tred.

18. **Jesaja 62:4** Men noemt je niet langer Verlatene en je land niet langer Troosteloos oord, maar je zult heten Mijn verlangen en je land Gehuwde. Want de HEER verlangt naar jou en je land wordt ten huwelijk genomen.

19. **Deuteronomium 14:2** Want u bent een volk dat aan de HEER, uw God, is gewijd: u heeft hij uitgekozen om, anders dan alle andere volken op aarde, zijn kostbaar bezit te zijn.

20. **Deuteronomium 26:18** Vandaag heeft de HEER u verze-
kerd dat u, zoals hij u heeft beloofd, zijn volk zult zijn, zijn
kostbaar bezit. U moet al zijn geboden naleven.

21. **Romeinen 8: 9-14** Wie beheerst wordt door het aardse, kan
God niet behagen. 9 U daarentegen wordt beheerst door de
Geest, want de Geest van God woont in u. Iemand die de Geest
van Christus niet heeft, behoort Christus ook niet toe. 10 Als
Christus echter in u leeft, is uw lichaam weliswaar door de
zonde ten dode opgeschreven, maar de Geest schenkt u leven,
omdat u door God rechtvaardig bent verklaard. 11 Want als
de Geest van Hem die Jezus uit de dood heeft opgewekt in
u woont, zal Hij die Christus heeft opgewekt ook uw sterfelijk lichaam levend maken door zijn Geest, die in u woont.
12 Broeders en zusters, we zijn dus niet langer gebonden aan
het aardse, om volgens aardse maatstaven te leven. 13 Als u
wel zo leeft, zult u zeker sterven. Als u echter uw zondige
praktijken doodt door de Geest, zult u leven. 14 Allen die
door de Geest van God worden geleid, zijn kinderen van God.

-GELOOF-

Het woord geloof wordt omschreven als 'geloof, loyaliteit en volledig vertrouwen'. Geloof kan in veel contexten worden gebruikt, zoals een simpele overtuiging dat je auto je naar je bestemming zal rijden. Of misschien heb je een complexer geloof, zoals: een standvastig vertrouwen op God, die je niet kunt zien.

Een van de beste Bijbelse definities van geloof vinden we in het boek van Hebreeën. Er staat: ""

(Hebreeën 11:1 [1]). Als we Jezus vertrouwen en gehoorzamen door geloof, krijgen we hoop voor de toekomst, omdat we begrijpen waarom we hier op aarde zijn, en waar we na de dood naar toe gaan.

God gaf ons Zijn geschreven Woord, de Bijbel, omdat Hij wil dat wij Hem zullen leren kennen. Het is Zijn verlangen dat wij leren te leven volgens Zijn principes. Bijbels geloof betekent dat wij vertrouwen dat God ons zal liefhebben, ons zal leiden, ons zal beschermen, ons kracht zal geven, ongeacht onze omstandigheden. Dit is het soort geloof dat God wil dat iedere christen ervaart.

We lezen in Hebreeën 11:6: "Zonder geloof is het onmogelijk God vreugde te geven; wie hem wil naderen moet immers geloven dat hij bestaat, en wie hem zoekt zal door hem worden beloond". Ons geloof bepaalt het soort relatie dat we met de Heer zullen hebben. De meesten van ons beseffen nadat we tot de Heer zijn gekomen dat onze 'geestelijke ogen' waren gesloten voordat we geloofden (1

Korintiërs 2:13-16 [2]). We konden de principes niet begrijpen waarover Jezus sprak, omdat die zo in strijd leken met onze menselijke wijsheid.

Geloof is de reden dat we weten dat Jezus leeft en in onze levens werkzaam is. Degenen die Jezus niet kennen, en daarom de Geest van God niet in hun hebben kunnen niet begrijpen waarom we onszelf in Gods handen overgeven. En waarom we ons leven leiden volgens Zijn wegen en Zijn plannen.

Tot geloof komen is geen eenmalige beslissing. Hoewel het begint met onze keuze om Jezus in ons hart te accepteren, blijft het geloof doorgroeien in een dynamisch proces. Als we consequent besluiten de wegen van de Heer te kiezen boven de onze, zullen we het 'overvloedige leven' gaan ervaren dat Hij ons belooft. Deze overvloed omvat vrede, vreugde, hoop en een doel in ons leven. En als we in nauwe relatie met Hem blijven, toont Hij ons Zijn trouw door elke beproeving heen. Uiteindelijk beseffen we dat Hij trouw aan Zijn Woord zal blijven, ongeacht wat er in ons leven gebeurt. Dit is actief geloof.

Waar komt mijn geloof vandaan?

Laten we nu eens kijken waar ons geloof vandaan komt. We lezen in Romeinen 12:3[3] dat ons geloof van God komt, niet van onszelf. We zien dus dat het niet onze taak is om ons geloof te verkrijgen; het is onze taak om het te ontvangen. De Bijbel zegt ook dat geloof van Jezus komt, die ook God is (2 Petrus 1:1[4]). En er zijn tijden dat God sommige mensen een extra geloof zal geven. Dit type geloof is een bovennatuurlijke gave van de Heilige Geest, een "Geestelijke gave" genoemd (1 Korintiërs 12:9[5]).

Romeinen 10:17[6] zegt dat geloof ook komt van het horen van het Woord van God. Dus ons geloof zal steeds worden verfijnd en versterkt als we de Bijbel lezen en luisteren naar Bijbelse leringen. We moeten echter gehoorzamen aan wat we van God hebben geleerd om ons geloof te laten groeien en rijpen. Het is echt verbazingwekkend dat ons geloof van God, Jezus, de Heilige Geest en de Bijbel komt!

Praktisch geloof

Een aantal belangrijke vragen die mensen stellen zijn: "Hoe moet ik mijn geloof laten zien door mijn gedrag in deze wereld? Wat betekent het om te leven als een persoon van geloof? En wat is het nut van geloof, behalve om in de hemel te komen?" Jakobus 2:14-26[7] spreekt over 'geloof in actie'. Mensen met oprecht, actief geloof in Jezus lijken op Hem. En ze gaan door met het doen van goede werken omdat dat de vrucht is - het bijproduct - van hun relatie met Hem (Jakobus 3:13[8]).

Een andere vraag die mensen hebben over hun geloof is of hun gebeden echt een verschil maken. Misschien vraag je je af of God je gebeden wel hoort. We kunnen gefrustreerd raken als waar we voor hebben gebeden nooit gebeurt. We kunnen ons geloof in twijfel trekken. Het antwoord ligt in het karakter van God. Hij alleen bezit de macht om in de toekomst te kijken, en als zodanig weet Hij wat het beste voor ons is.

Ook al denken we dat we het beste antwoord op onze problemen hebben en bidden we in die richting, de waarheid is dat onze oplossingen misschien niet passen in de plannen die God voor ons heeft in die specifieke situatie. En het is mogelijk dat onze plannen niet de beste optie zijn voor ons of voor anderen. Ik weet dat ik vaak blij was dat God mijn gebeden niet beantwoordde op de manier waarop ik dacht dat Hij dat zou moeten doen! We moeten voor alles bidden, maar de uitkomst aan Hem overlaten.

Je hebt gewoon niet genoeg geloof!

Misschien ben je een christen en is je verteld: "Je hebt gewoon niet genoeg geloof en daarom worden je gebeden niet verhoord". Dit is on-Bijbels! Er zijn veel redenen waarom onze gebeden niet worden verhoord op de manier waarop we dat hebben gevraagd. Ons geloof komt van God, dus iedereen die echt in Hem gelooft, heeft genoeg geloof.

Een reden waarom onze gebeden niet worden verhoord, is dat we vragen om dingen die niet in ons belang zijn (Jakobus 4:1-3[9]). Of we hebben misschien verborgen zonden in ons leven die we moeten belijden en waarvoor we berouw moeten tonen voordat onze gebeden worden verhoord (Jakobus 5:16-17[10]).

Misschien bidden we voor redding voor een ander persoon. Het is absoluut Gods wil dat ze gered worden! Als ze echter weigeren om Jezus in hun leven te accepteren, heeft dat misschien weinig te maken met ons geloof en onze gebeden, maar meer met hun koppige rebellie. God zal Zichzelf niet aan ons opdringen. Op deze manier kunnen onze gebeden onbeantwoord blijven (Hebreeën 10:39[11]).

We moeten een intieme relatie met de Heer hebben als we Zijn hart en geest willen hebben. Naarmate we door deze verbintenis meer op Hem gaan lijken, zullen onze gebeden beginnen te veranderen, zodat ze meer in overeenstemming zijn met Zijn wil. Wanneer de verlangens van ons hart veranderen, zullen we niet zo veel geven om de luxe auto's, grote huizen en grotere bankrekeningen.

Onze nieuwe focus zal gericht zijn op andere mensen - degenen die minder fortuinlijk zijn dan wijzelf. We zullen beginnen te vragen om kracht om de verlorenen en behoeftigen te helpen. God zal ons de kracht geven om ons geloof te delen, zodat anderen de Heer kunnen leren kennen. Alleen dan zal God onze gebeden overvloedig kunnen zegenen, omdat we zullen vragen volgens ZIJN wil.

Geloof, geen werken

Er zijn veel religies waar mensen verschillende soorten diensten of rituelen moeten verrichten om God te behagen. Soms moeten ze veel kinderen baren, zodat ze 'vertegenwoordigd' worden in de hemel. Of ze moeten aan hun quotum halen door aan deuren kloppen. Of ze moeten genoeg bekeerlingen hebben gemaakt om voldoende 'goede werken' te hebben gedaan om God te behagen en Zijn gunst te verdienen. Het is hartverscheurend om te zien dat mensen zich afvragen of ze wel genoeg doen om God te behagen, en elke dag in angst leven voor hun redding.

De God van de Bijbel is blij met degenen die met vertrouwen geloven dat Jezus hun zondeschuld al heeft betaald. Onze rekening is volledig betaald! Jezus wist dat we nooit in staat zouden zijn om 'genoeg te verdienen' om onze overtredingen zelf te kunnen betalen, dus deed Hij het liefdevol voor ons.

In feite zegt de Bijbel: 'Mensen worden niet als rechtvaardigen beschouwd vanwege hun werken, maar vanwege hun geloof' (Romeinen 4:5[12]). Hoewel goede werken het resultaat zijn van onze relatie met Jezus, komen deze 'werken' voort uit onze liefde voor Hem, niet uit onze angst dat we niet genoeg doen om onze rechtvaardiging te verdienen.

Over die vrucht

We hebben geleerd dat echt geloof vrucht voortbrengt (Mattheüs 7:17[13]; Lucas 6:45[14]). De Bijbel gebruikt het woord vrucht om de zichtbare resultaten van ons werk voor God te beschrijven, net zoals een boom vrucht voortbrengt die we kunnen zien. Een deel van deze vrucht omvat het regelmatig delen van Jezus met anderen, zoals de Heilige Geest ons leidt. Het betekent dat je God elke dag eer brengt, in wat je ook doet (1 Korintiërs 10:31[15]). Het omvat ook het dienen van het Lichaam van Christus - de Kerk. Dit soort vrucht is eeuwig - het zal voor altijd bestaan.

Degenen die geënt zijn op de Wijnstok (die JEZUS is), dragen veel vrucht, die eer brengt aan de Vader (Johannes 15:5-8[16]). Jezus zegt dat elke boom die geen goede vrucht produceert, zal worden omgehakt en in het vuur zal worden geworpen (Mattheüs 3:10[17])! God wil dat de vrucht van ons leven Hem lof en eer brengt, en Hij wil ons gebruiken om de verlorenen in relatie met Hem te brengen (Mattheüs 25:20-45[18]).

We worden gered zodat we dicht bij God kunnen zijn en voor altijd naar de hemel kunnen gaan, maar we moeten ook de tijd, het talent en het geld dat we hebben gekregen gebruiken om Zijn Koninkrijk te bevorderen. Gods primaire zorg is voor mensen, en Hij gebruikt degenen van Zijn Zoon houden en hem trouw zijn, om deze verloren wereld namens Hem te bereiken.

 *Besluit door geloof om in Jezus te geloven en Hem te vertrouwen!*

HOOFDSTUK 3
-BIJBELVERZEN-

1. **Hebreeën 11:1** Geloof is de zekerheid dat alles waarop we hopen werkelijkheid wordt, het overtuigt ons van de waarheid van wat we niet zien.

2. **1 Korintiërs 2:13-16** Daarover spreken wij, niet op een manier die ons door menselijke wijsheid is geleerd, maar zoals de Geest het ons leert: wij verklaren het geestelijke met het geestelijke. 14Een mens die de Geest niet bezit, aanvaardt niet wat van de Geest van God komt, want voor hem is het dwaasheid. Hij kan het ook niet begrijpen, omdat het geestelijk moet worden beoordeeld. 15Maar een mens die de Geest wel bezit, kan alles beoordelen, en zelf wordt hij door niemand beoordeeld. 16Er staat immers geschreven: 'Wie kent de gedachten van de Heer, zodat hij hem zou kunnen onderwijzen?' Welnu, onze gedachten zijn die van Christus.

3. **Romeinen 12:3** Met een beroep op de genade die mij geschonken is, zeg ik u allen dat u zichzelf niet hoger moet aanslaan dan u kunt verantwoorden. U moet verstandig over uzelf denken, in overeenstemming met het geloof, de maatstaf die God ieder van u geschonken heeft.

4. **2 Petrus 1:1** Van Simeon Petrus, dienaar en apostel van Jezus Christus. Aan allen die dankzij de rechtvaardigheid van onze God en van onze redder Jezus Christus hetzelfde kostbare geloof hebben ontvangen als wij.

5. **1 Korintiërs 12:9** de een ontvangt van de Geest een groot geloof, de ander de gave om te genezen.

6. **Romeinen 10:17** Dus door te luisteren komt men tot geloof, en wat men hoort is de verkondiging van Christus.

7. **Jakobus 2:14-26** Broeders en zusters, wat heeft het voor zin als iemand zegt te geloven, maar hij handelt er niet naar? Zou dat geloof hem soms kunnen redden? 15 Als een broeder of zuster nauwelijks kleren heeft en elke dag eten tekortkomt, 16 en een van u zegt dan: 'Het ga je goed! Kleed je warm en eet smakelijk!' zonder de ander te voorzien van de eerste levensbehoeften – wat heeft dat voor zin? 17 Zo is het ook met geloof: als het zich niet daadwerkelijk bewijst, is het dood. 18 Maar iemand zou kunnen zeggen: 'De een gelooft, de ander doet.' Laat mij maar eens zien dat je kunt geloven zonder daden; ik zal u door mijn daden tonen dat ik geloof. 19 U gelooft dat God de enige is? Daar doet u goed aan. Maar de demonen geloven dat ook, en ze sidderen. 20 Dwaas, wilt u het bewijs dat geloof zonder daden nutteloos is? 21 Werd onze voorvader Abraham niet rechtvaardig verklaard om wat hij deed toen hij zijn zoon Isaak op het altaar wilde offeren? 22 U ziet hoe geloof en handelen daar hand in hand gaan, en hoe het geloof ten volle verwezenlijkt wordt in daden. 23 Zo ging in vervulling wat de Schrift zegt: 'Abraham vertrouwde op God, en dat werd hem als rechtvaardigheid toegerekend.' Hij wordt zelfs Gods vriend genoemd. 24 U ziet dus dat iemand rechtvaardig wordt verklaard om wat hij doet, en niet alleen om zijn geloof. 25 Werd niet ook Rachab, de hoer, rechtvaardig verklaard om wat ze deed, toen ze de verkenners ontving en langs een andere weg liet vertrekken? 26 Zoals het lichaam dood is zonder geest, zo is ook geloof zonder daden dood.

8. **Jakobus 3:13** Wie van u kan wijs en verstandig genoemd worden? Laat hij het daadwerkelijk bewijzen door een onberispelijk leven en door wijze zachtmoedigheid.

9. **Jakobus 4:1-3** Waar komt al die strijd, waar komen al die conflicten bij u toch uit voort? Is het niet uit de hartstochten die strijd leveren bij al uw doen en laten? 2 U verlangt naar iets, maar krijgt het niet. U bent jaloers en moordlustig, maar bereikt uw doel niet. U bekvecht en twist met elkaar. U krijgt niets omdat u niet bidt. 3 En als u bidt ontvangt u niets, omdat u verkeerd bidt: u wilt alleen uw eigen hartstochten bevredigen.

10. **Jakobus 5:16-17** Daarom: beken elkaar uw zonden en bid voor elkaar, dan zult u genezen. Want het gebed van een rechtvaardige is krachtig en mist zijn uitwerking niet. 17 Elia was een mens als wij, en nadat hij vurig had gebeden dat het niet zou regenen, is er drieënhalf jaar lang geen regen gevallen op het land.

11. **Hebreeën 10:39** Wij echter behoren niet tot degenen die terugdeinzen en ten onder gaan, maar tot hen die door hun geloof behouden blijven.

12. **Romeinen 4:5** Maar als iemand zelf niets inbrengt, maar wel zijn vertrouwen stelt in Hem die de schuldige vrijspreekt, dan wordt zijn vertrouwen hem als rechtvaardigheid toegerekend.

13. **Mattheüs 7:17** Zo brengt elke goede boom goede vruchten voort, maar een slechte boom brengt slechte vruchten voort.

14. **Lucas 6:45** Een goed mens brengt uit de goede schatkamer van zijn hart het goede voort, maar een slecht mens brengt uit zijn slechte schatkamer het kwade voort; want waar het hart vol van is daar loopt de mond van over.

15. **1 Korintiërs 10:31** Dus of u nu eet of drinkt of iets anders doet, doe alles ter ere van God.

16. **Johannes 15:5-8** Ik ben de wijnstok en jullie zijn de ranken. Als iemand in Mij blijft en Ik in hem, zal hij veel vruchten voortbrengen. Maar zonder Mij kun je niets doen. 6 Wie niet in Mij blijft is als een wijnrank die weggegooid wordt en verdort; hij wordt met andere ranken verzameld, in het vuur gegooid en verbrand. 7 Als jullie in Mij blijven en mijn woorden in jullie, kun je vragen wat je wilt en het zal gebeuren. 8 De grootheid van mijn Vader zal zichtbaar worden wanneer jullie veel vruchten voortbrengen en mijn leerlingen zijn.

17. **Mattheüs 3:10** De bijl ligt al aan de wortel van de boom: iedere boom die geen goede vrucht draagt, wordt omgehakt en in het vuur geworpen.

18. **Mattheüs 25:20-45** Degene die vijf talent ontvangen had, kwam naar hem toe en overhandigde hem nog vijf talent erbij met de woorden: "Heer, u hebt mij vijf talent in beheer gegeven, alstublieft, ik heb er vijf bij verdiend." 21 Zijn heer zei tegen hem: "Voortreffelijk, je bent een goede en betrouwbare dienaar. Omdat je betrouwbaar was in het beheer van een klein bedrag, zal ik je over veel meer aanstellen. Wees welkom bij het feestmaal van je heer." 22 Ook degene die twee talent ontvangen had, kwam naar hem toe en zei: "Heer, u hebt mij twee talent in beheer gegeven, alstublieft, ik heb er twee bij verdiend." 23 Zijn heer zei tegen hem: "Voortreffelijk, je bent een goede en betrouwbare dienaar. Omdat je betrouwbaar was in het beheer van een klein bedrag, zal ik je over veel meer aanstellen. Wees welkom bij het feestmaal van je heer." 24 Nu kwam ook degene die één talent ontvangen had naar hem toe. Hij zei: "Heer, ik wist van u dat u streng bent, dat u maait waar u niet hebt gezaaid en oogst waar u

niet hebt geplant, 25 en uit angst besloot ik uw talent te begraven. Alstublieft, hier hebt u het terug." 26 Zijn heer antwoordde hem: "Je bent een slechte, luie dienaar. Je wist dat
ik maai waar ik niet heb gezaaid en oogst waar ik niet heb
geplant? 27 Dan had je mijn geld dus bij de bank in bewaring
moeten geven, zodat ik het bij mijn terugkomst met rente
zou hebben teruggekregen. 28 Neem hem dat talent af en
geef het aan degene die er tien heeft. 29 Want wie heeft zal
nog meer krijgen, en wel in overvloed, maar wie niets heeft,
hem zal zelfs het laatste worden ontnomen. 30 En die nutte-
loze dienaar, gooi hem eruit, in de uiterste duisternis, waar
men jammert en knarsetandt." 31 Wanneer de Mensenzoon
komt, omstraald door luister en in gezelschap van alle engelen, zal Hij plaatsnemen op zijn glorierijke troon. 32 Dan
zullen alle volken voor Hem worden samengebracht en zal
Hij de mensen van elkaar scheiden zoals een herder de schapen van de bokken scheidt; 33 de schapen zal Hij rechts van
zich plaatsen, de bokken links. 34 Dan zal de koning tegen
de groep aan zijn rechterzijde zeggen: "Jullie zijn door mijn
Vader gezegend, kom en neem deel aan het koninkrijk dat
al sinds de grondvesting van de wereld voor jullie bestemd
is. 35 Want Ik had honger en jullie gaven Mij te eten, Ik had
dorst en jullie gaven Mij te drinken. Ik was een vreemdeling
en jullie namen Mij op, 36 Ik was naakt en jullie kleedden
Mij. Ik was ziek en jullie bezochten Mij, Ik zat gevangen en
jullie kwamen naar Mij toe." 37 Dan zullen de rechtvaardigen
Hem antwoorden: "Heer, wanneer hebben wij U hongerig gezien en U te eten gegeven, of dorstig en U te drinken gegeven? 38 Wanneer hebben wij U als vreemdeling gezien en
opgenomen, U naakt gezien en gekleed? 39 Wanneer hebben
wij gezien dat U ziek was of in de gevangenis zat en zijn we

naar U toe gekomen?" 40 En de koning zal hun antwoorden: "Ik verzeker jullie: alles wat jullie gedaan hebben voor een van de geringsten van mijn broeders of zusters, dat hebben jullie voor Mij gedaan." 41 Daarop zal Hij ook de groep aan zijn linkerzijde toespreken: "Jullie zijn vervloekt, verdwijn uit mijn ogen naar het eeuwige vuur dat bestemd is voor de duivel en zijn engelen. 42 Want Ik had honger en jullie gaven Mij niet te eten, Ik had dorst en jullie gaven Mij niet te drinken. 43 Ik was een vreemdeling en jullie namen Mij niet op, Ik was naakt en jullie kleedden Mij niet. Ik was ziek en zat in de gevangenis en jullie bezochten Mij niet." 44 Dan zullen ook zij antwoorden: "Heer, wanneer hebben wij U hongerig gezien of dorstig, als vreemdeling of naakt, ziek of in de gevangenis en hebben wij niet voor U gezorgd?" 45 En Hij zal hun antwoorden: "Ik verzeker jullie: alles wat jullie voor een van deze geringste mensen niet gedaan hebben, hebben jullie ook voor Mij niet gedaan."

HOOFDSTUK 4
-VERLOSSING-

Wat komt er in je op als je de zin "Je moet verlost worden" hoort?

Misschien denk je aan "wedergeboren christenen" - een beetje zoals de "Jezuskinderen" van de jaren 70 - het soort mensen dat buitengewoon gelukkig en zorgeloos is, maar niet echt "in de realiteit leeft". Anderen geloven dat hun leven prima is en dat ze zichzelf kunnen redden, doei!. En sommigen zijn zo bang om kwetsbaar te zijn dat ze niemand vertrouwen en er niet aan denken om "verlost" te worden, van wat dan ook. Maar laten we eens kijken wat de Bijbel leert over dit essentiële onderdeel van het christendom.

Verlossing is bevestigde liefde

We leerden uit Hoofdstuk 1 over zonde dat we verloren zijn en onszelf niet kunnen redden. Of we het nu willen toegeven of niet, we hebben allemaal een wanhopige behoefte om verlost te worden van onze zonden. Een deel van het probleem is dat we van onze zonden houden. We verafschuwen het als anderen ons proberen te vertellen dat we niet leven zoals we zouden moeten.

We denken liever dat we de "vrijheid" hebben om te doen wat we willen, maar "vrijheid" zonder zelfdiscipline is eigenlijk slavernij (1 Petrus 2:16[1]; 2 Petrus 2:19[2]). Hoe vaak heb je "gekregen wat je wilde", maar bleek het veel minder betekenisvol te zijn dan je had gedacht voordat je het kreeg? Meestal zullen we merken dat er een grote leegte ontstaat wanneer we alleen maar leven om onszelf te behagen. De waarheid is dat we alleen echte vrijheid bereiken als we ons overgeven aan de Heer Jezus Christus (Galaten 3:22[3]). Maar we kunnen dit niet uit eigen kracht doen. Zo zien we onze behoefte aan verlossing.

Het woord verlossing betekent "redden". God is perfect, heilig en zuiver. Daarom moet Hij zonde straffen! Omdat we door onze zonden van God gescheiden zijn, en de schuld die we hebben voor onze zonden te groot is om te betalen, hebben we een verlosser nodig - iemand die ons zal verlossen door onze schuld te betalen om ons terug te brengen naar God (Mattheüs 9:12-13[4]; Johannes 3:16-17[5]). Jezus kwam naar de aarde - God als mens - voor dat doel. Jezus' naam betekent zelfs "Redder of Verlosser" (Mattheüs 1:21[6]).

Toen God Zelf liefdevol voor ons tussenbeide kwam, nam Hij de straf op Zich die we verdienden voor onze zonden (Efeziërs 1:3-8[7]; Galaten 3:13[8]; 1 Johannes 2:2[9]). Jezus betaalde onze prijs - de dood - zodat Hij de relatie met ons kon herstellen (2 Korintiërs 5:17-21[10]; 1 Petrus 2:24[11]). Dit wordt verzoening genoemd. Wanneer we van onze behoefte aan God bewust worden en in berouw tot Hem komen, krijgen we een nieuw leven en worden we geboren in de familie van God. Deze daad: "onze schuld betalen", wordt verlossing genoemd.

Waarom betaalde God onze schuld?

Het is onbegrijpelijk waarom God zoveel van ons houdt om voor ons te sterven. Vooral omdat we het totaal niet verdienen. Het is echter ZIJN verlangen dat we gered worden (1 Timotheüs 2:3-4[12]). Zijn liefde voor ons is onbegrijpelijk groot – en we kunnen het niet bevatten. Hij heeft het echter ons mogelijk gemaakt om te accepteren dat onze zonde is betaald, zodat we zonder schuld en schaamte in Zijn aanwezigheid kunnen komen. Zijn Geest blijft in ons werken en maakt ons rechtvaardig – deugdzaam, eerbaar en oprecht – zodat we in staat zullen zijn om met Hem te communiceren in Zijn heiligheid.

Jezus vertelt ons in Zijn eigen woorden: "Ik ben gekomen om de verlorenen te zoeken en te redden" (Lucas 19:9-10[13]). De "verlorenen" zijn degenen die leven zonder een hechte relatie met de ware, levende God. HIJ nam het initiatief om jou uit je zonde te verlossen. HIJ wil jouw zonde en schuld uitwissen, zodat Hij een intieme band met jou kan hebben (Psalm 51:3-4[14]). Zonde en schuld moeten worden aangepakt, want dit zijn juist de obstakels die ons ervan weerhouden God te zoeken en van Hem te genieten.

Waarom moest Jezus voor mij sterven?

Zoals we al hebben geleerd, haat God de zonde. We zien voorbeelden van deze haat in het Oude Testament. Het verhaal van de zondvloed in de tijd van Noach, en ook Sodom en Gomorra, waren twee voorbeelden van Gods oordeel over zonde. We weten dat er zowel Bijbelse als historische verhalen zijn van hele steden en culturen die werden weggevaagd vanwege immoraliteit. We zien zelfs de neerwaartse spiraal in ons eigen land, omdat we zonde als normaal hebben geaccepteerd. Goed wordt nu kwaad genoemd, en kwaad, goed (Jesaja 5:20[15]).

Jezus werd gekozen om voor onze zonden te betalen, omdat alleen God Zelf Zijn eigen toorn had kunnen hanteren. Hij weet dat mensen volkomen onbekwaam zijn om Zijn overweldigende oordeel te weerstaan; we zouden erdoor vernietigd worden. Daarom nam Jezus onze straf op zich. Als God was Hij de enige die het gewicht van Zijn eigen haat jegens zonde kon dragen.

En dat is precies wat het Evangelie is - het is het Goede Nieuws dat Jezus in mijn plaats stierf en dat ik nu een hechte relatie met God kan ervaren. In feite ruilde Hij mijn slechtheid in voor Zijn rechtvaardigheid - wat Zijn eigen rechtvaardiging is bij God (Titus 3:4-7[16]).

Niemand van ons is goed genoeg om een relatie met God te hebben (Romeinen 3:21-26[17]). Niettemin houdt Hij van ons, ongeacht wat we hebben gedaan. Hoewel er een verantwoordelijkheid van onze kant is om in gemeenschap met Hem te blijven en Zijn wegen te gehoorzamen, deed Hij het werk dat wij zelf totaal niet konden doen. En nu, als authentieke christenen, hebben we nu een perfecte status bij de Vader (Colossenzen 1:21-22[18]).

NIET alle paden leiden naar God

Er zijn veel religies in de wereld en je hebt waarschijnlijk wel eens het gezegde gehoord: "Alle paden leiden naar God". Maar Jezus zei dat HIJ de enige weg naar de Vader is (Johannes 14:6[19]; Johannes 17:3[20]; Handelingen 4:11-12[21]). Mensen die Jezus niet in hun hart hebben geaccepteerd, kunnen deze waarheid niet begrijpen. Veel mensen beweren spiritueel te zijn, maar als ze geen verlossing van Jezus Christus hebben ontvangen, hebben ze letterlijk de verkeerde "geest" in zich. Mensen die Gods Geest niet hebben, denken dat Jezus' bewering bekrompen, rigide en dwaas is (1 Korintiërs 2:14[22]).

Als je er echter over nadenkt, missen alle religies, behalve het christendom, de schoonheid van God die zich naar beneden uitstrekt om ons te helpen. Alle andere "geloven" zijn gebaseerd op het vermogen van de mens om zijn eigen lot te beheersen. Er kunnen vereisten zijn om "de goden tevreden te stellen", wat veel werk en menselijke inspanning vereist. Andere religies promoten het idee om onszelf op de "troon" van ons leven te plaatsen, zodat we alle beslissingen in het leven kunnen nemen zonder enige hulp van God. Maar beide methoden laten ons met hetzelfde probleem achter: onze zondige natuur is nog steeds volledig actief. Alleen God kan het menselijk hart echt veranderen.

Jezus Zelf vertelt ons dat we "wedergeboren" moeten worden om de bovennatuurlijke dimensie van Zijn Koninkrijk te kunnen zien (Johannes 3:1-8[23]). Zodra we ons geloof in Jezus stellen, geeft Zijn Heilige Geest ons een nieuw begrip van spirituele dingen. We beginnen bijvoorbeeld de Bijbel op een nieuw niveau te begrijpen, omdat de Heilige Geest de enige is die de Schrift aan ons kan openbaren.

We beginnen nieuwe gevoelens en manieren van relateren te ervaren. Na de redding worden onze geesten letterlijk 'levend' door bovennatuurlijke transformatie. Als gevolg hiervan krijgen we een nieuw bewustzijn van God. En naarmate we vorderen in ons christelijk geloof, zullen we de Redder op een dieper niveau liefhebben en verlangen om Hem meer en meer te behagen.

Jezus offerde Zijn eigen leven op zodat wij vrij konden zijn om in liefdevolle gehoorzaamheid aan Hem te leven. We hebben altijd de "vrijheid" gehad om te zondigen, maar nu, met de kracht van de Heilige Geest, kunnen we het karakter van Jezus in ons leven laten zien (Colossenzen 3:12-15[24]). Dit omvat het op de eerste plaats zetten van anderen en het demonstreren van Zijn eigen karakter, dat liefde, vreugde, vrede, geduld, vriendelijkheid, goedheid, zachtmoedigheid, trouw en zelfbeheersing is. De Bijbel vertelt ons dat we gered zijn zodat we nu het werk kunnen doen waartoe God ons heeft geroepen (Efeziërs 2:8-10[25]).

 *Jezus liefhebben en gehoorzamen zal elk deel van je leven veranderen*

-BIJBELVERZEN-

1. **1 Petrus 2:16** Handel als vrije mensen, maar ook als diena-ren van God, want u moet u niet achter uw vrijheid verschuilen om u te misdragen.

2. **2 Petrus 2:19** Ze beloven vrijheid, maar zijn zelf slaven van het verderf, want waar men door beheerst wordt, daarvan is men slaaf.

3. **Galaten 3:22** Maar de Schrift heeft alles in de macht van de zonde gelegd, zodat de belofte kon worden gegeven op grond van geloof in Jezus Christus, aan wie op hem vertrouwen.

4. **Mattheüs 9:12-13** Hij hoorde dit en gaf als antwoord: 'Gezonde mensen hebben geen dokter nodig, maar zieken wel. 13Overdenk eens goed wat dit wil zeggen: "Barmhartigheid wil ik, geen offers." Ik ben niet gekomen om rechtvaardigen te roepen, maar zondaars.'

5. **Johannes 3:16-17** Want God had de wereld zo lief dat hij zijn enige Zoon heeft gegeven, opdat iedereen die in hem gelooft niet verloren gaat, maar eeuwig leven heeft. 17God heeft zijn Zoon niet naar de wereld gestuurd om een oordeel over haar te vellen, maar om de wereld door hem te redden.

6. **Mattheüs 1:21** Ze zal een zoon baren. Geef hem de naam Jezus, want hij zal zijn volk bevrijden van hun zonden.

7. **Efeziërs 1:3-10** Gezegend zij de God en Vader van onze Heer Jezus Christus, die ons in de hemelsferen, in onze eenheid met Christus, met talrijke geestelijke zegeningen heeft gezegend. 4 In Christus immers heeft God, voordat de wereld gegrondvest werd, ons uitgekozen om heilig en zuiver voor Hem te staan, en vol liefde 5 heeft Hij ons naar zijn wil en verlangen voorbestemd om door Jezus Christus zijn kinderen te worden, 6 tot eer van de grootheid van Gods genade, ons geschonken in zijn geliefde Zoon. 7 In Hem zijn wij door zijn bloed verlost en zijn onze zonden vergeven, dankzij de rijke genade 8 die God ons in overvloed heeft geschonken. Hij heeft ons in al zijn wijsheid en inzicht 9-10 dit geheim onthuld: zijn besluit om alles in de hemel en op aarde onder één hoofd, Christus, bijeen te brengen, omdat het Hem behaagde de voltooiing van de tijd te verwezenlijken met Christus.

8. **Galaten 3:13** Maar Christus Jezus heeft ons vrijgekocht van deze vloek door voor ons te worden vervloekt, want er staat geschreven: 'Vervloekt is ieder mens die aan een paal hangt.'

9. **1 Johannes 2:2** Hij is het die verzoening brengt voor onze zonden, en niet alleen voor die van ons, maar voor de zonden van de hele wereld.

10. **2 Korintiërs 5:17-21** Daarom ook is iemand die één met Christus is, een nieuwe schepping. Het oude is voorbij, het nieuwe is gekomen. 18Dit alles is het werk van God. Hij heeft ons door Christus met zich verzoend en ons de verkondiging daarover toevertrouwd. 19Het is God die door Christus de wereld met zich heeft verzoend: hij heeft de wereld haar overtredingen niet aangerekend. En ons heeft hij de verkondiging van de verzoening toevertrouwd. 20Wij zijn gezanten van Christus, God doet door ons zijn oproep. Namens Christus vragen wij: laat u met God verzoenen. 21God heeft hem

die de zonde niet kende voor ons één gemaakt met de zonde, zodat wij door hem rechtvaardig voor God konden worden.

11. **1 Petrus 2:24** Hij heeft in zijn lichaam onze zonden het kruishout op gedragen, opdat wij, dood voor de zonde, rechtvaardig zouden leven. Door zijn striemen bent u genezen.

12. **1 Timotheüs 2:3-4** Dat is goed en welgevallig in de ogen van God, onze redder, 4die wil dat alle mensen worden gered en de waarheid leren kennen.

13. **Lucas 19:9-10** Jezus zei tegen hem: 'Vandaag is dit huis redding ten deel gevallen, want ook hij is een zoon van Abraham. 10De Mensenzoon is gekomen om te zoeken en te redden wat verloren was.'

14. **Psalm 51:3-4** Wees mij genadig, God, in uw trouw, u bent vol erbarmen, doe mijn daden teniet, was mij schoon van alle schuld, reinig mij van mijn zonden.

15. **Jesaja 5:20** Wee degenen die het kwade goed noemen en het goede kwaad, die het licht tot duisternis maken en het duister tot licht, die van zoet bitter maken en van bitter zoet.

16. **Titus 3:4-7** Maar toen zijn de goedheid en mensenliefde van God, onze redder, openbaar geworden 5 en heeft Hij ons gered, niet vanwege onze rechtvaardige daden, maar uit barmhartigheid. Hij heeft ons gered door het bad van de wedergeboorte en de vernieuwende kracht van de heilige Geest, 6 die Hij door Jezus Christus, onze redder, rijkelijk over ons heeft uitgegoten. 7 Zo zijn wij door zijn genade rechtvaardig verklaard en krijgen we deel aan het eeuwige leven waarop onze hoop gericht is.

17. **Romeinen 3:21-26** Maar nu is Gods gerechtigheid, waarvan de Wet en de Profeten al getuigen, zichtbaar geworden

buiten de wet om: 22 God schenkt vrijspraak op grond van geloof in Jezus Christus, aan allen die geloven. En er is geen onderscheid. 23 Want iedereen heeft gezondigd en ontbeert de nabijheid van God, 24 en iedereen wordt uit genade rechtvaardig verklaard, om niet, dankzij de verlossing door Christus Jezus. 25-26 Hij is door God aangewezen om door zijn dood het middel tot verzoening te zijn voor wie gelooft. Hiermee toont God zijn gerechtigheid, want in zijn verdraagzaamheid gaat Hij voorbij aan de zonden die in het verleden zijn begaan, om nu, in deze tijd, zijn gerechtigheid te bewijzen: Hij laat zien dat Hij rechtvaardig is door iedereen vrij te spreken die in Jezus gelooft.

18. **Colossenzen 1:21-22** Eerst was u van Hem vervreemd en was u Hem in al het kwaad dat u deed vijandig gezind, 22 maar nu heeft Hij u door de dood van zijn aardse lichaam met zich verzoend opdat u heilig, zuiver en onberispelijk bent ten overstaan van Hem.

19. **Johannes 14:6** Jezus zei: 'Ik ben de weg, de waarheid en het leven. Niemand kan bij de Vader komen dan door mij.

20. **Johannes 17:3** Het eeuwige leven, dat is dat zij u kennen, de enige ware God, en hem die u gezonden hebt, Jezus Christus.

21. **Handelingen 4:11-** Jezus is de steen die door u, de bouwlieden, is verworpen, maar die nu de hoeksteen geworden is. 12 Door niemand anders kunnen wij worden gered, want zijn naam is de enige onder de hemel die de mens redding biedt.

22. **1 Korintiërs 2:14** Een mens die de Geest niet bezit, aanvaardt niet wat van de Geest van God komt, want voor hem is het dwaasheid. Hij kan het ook niet begrijpen, omdat het geestelijk moet worden beoordeeld.

23. **Johannes 3:1-8** Zo was er een farizeeër, een van de Joodse leiders, met de naam Nikodemus. 2Hij kwam in de nacht naar Jezus toe. 'Rabbi,' zei hij, 'wij weten dat u een leraar bent die van God gekomen is, want alleen met Gods hulp kan iemand de wondertekenen doen die u verricht.' 3Jezus zei: 'Waarachtig, ik verzeker u: alleen wie opnieuw wordt geboren, kan het koninkrijk van God zien.' 4'Hoe kan iemand geboren worden als hij al oud is?' vroeg Nikodemus. 'Hij kan toch niet voor de tweede keer de moederschoot ingaan en weer geboren worden?' 5Jezus antwoordde: 'Waarachtig, ik verzeker u: niemand kan het koninkrijk van God binnengaan, tenzij hij geboren wordt uit water en geest. 6Wat geboren is uit een mens is menselijk, en wat geboren is uit de Geest is geestelijk. 7Wees niet verbaasd dat ik zei dat jullie allemaal opnieuw geboren moeten worden. 8De wind waait waarheen hij wil; je hoort zijn geluid, maar je weet niet waar hij vandaan komt en waar hij heen gaat. Zo is het ook met iedereen die uit de Geest geboren is.'

24. **Colossenzen 3:12-15** Omdat God u heeft uitgekozen, omdat u zijn heiligen bent en hij u liefheeft, moet u zich kleden in innig medeleven, in goedheid, bescheidenheid, zachtmoedigheid en geduld. 13Verdraag elkaar en vergeef elkaar als iemand een ander iets te verwijten heeft; zoals de Heer u vergeven heeft, moet u elkaar vergeven. 14En bovenal, kleed u in de liefde, dat is de band die u tot een volmaakte eenheid maakt. 15Laat in uw hart de vrede van Christus heersen, want daartoe bent u geroepen als de leden van één lichaam. Wees ook dankbaar.

25. **Efeziërs 2:8-10** Door zijn genade bent u nu immers gered, dankzij uw geloof. Maar dat dankt u niet aan uzelf; het is een geschenk van God 9en geen gevolg van uw daden, dus nie-

mand kan zich erop laten voorstaan. 10Want hij heeft ons gemaakt tot wat wij nu zijn: in Christus Jezus geschapen om de weg te gaan van de goede daden die God heeft voorbereid.

HOOFDSTUK 5
-WAT IS DE BIJBEL?-

De Heilige Bijbel is het enige boek op aarde dat volledig en letterlijk door God Zelf is geïnspireerd. Het Griekse woord voor geïnspireerd betekent "goddelijk ingeblazen", en daarom wordt de Bijbel "Het Woord van God" genoemd. Het is een van de belangrijkste methoden waarmee God Zichzelf aan de mensheid openbaart.

Er zijn 66 boeken in de Bijbel met ongeveer 33 auteurs, geschreven in een periode van bijna 1500 jaar. Sommige mensen beweren dat de Bijbel slechts door mensen is geschreven en daarom onbetrouwbaar is. Maar de Schrift is hierover duidelijk: de Heilige Geest heeft deze mannen gebruikt om precies op te schrijven wat God wilde dat geschreven werd (1 Thessalonicenzen 2:13[1]; 2 Petrus 1:20-21[2]).

God is vrij van fouten - Perfect, Heilig en Waar. Daarom zijn de woorden van God voor ons absolute waarheid. We zijn echt fout bezig wanneer we de Bijbel in "cafetaria-stijl" nemen - kiezen wat we wel en niet zullen geloven. Als iemand de waarheid van de Bijbel verwerpt, zal God hem uiteindelijk ter verantwoording roepen.

Omdat GOD de Bijbel gebruikt om Zichzelf aan voor te stellen, moeten we de Bijbel accepteren als Zijn volledige, gezaghebbende en goddelijke openbaring. Zelfs als we onderwerpen als de hel, het oordeel of persoonlijke verantwoordelijkheid niet leuk vinden, moeten we deze cruciale zaken accepteren en geloven; en handelen naar wat God ons hierover heeft verteld.

Het draait allemaal om Jezus

Het is verbazingwekkend dat Jezus Christus de rode draad is die van begin tot eind door de Bijbel loopt. Dit is slechts één bewijs van de goddelijke aard van de Bijbel, omdat het menselijkerwijs onmogelijk is dat al deze schrijvers over een gemeenschappelijk thema hebben geschreven; vooral als ze elkaar niet eens kenden of met elkaar communiceerden. Bovendien werd het grootste deel van de Schrift geschreven eeuwen voordat Jezus zelfs maar op aarde rondliep.

Het eerste deel van Gods Woord is het Oude Testament (OT). Kort nadat God de mensheid schiep, koos Hij het volk Israël, dat Hij de Israëlieten of Joden noemde, om Zijn liefde en glorie aan de wereld te verkondigen (Deuteronomium 7:6[3]). Hij sloot een eeuwig verbond (een overeenkomst of belofte tussen twee partijen) met hen. Met dit verbond vertelde God hen dat als ze hun hele leven aan Hem zouden wijden, Hij hun God zou zijn en zij Zijn geliefde volk zouden zijn (Leviticus 26:12[4]; Deuteronomium 6:4-9[5])." Het hele OT is gebaseerd op deze relatie.

Helaas hadden de Israëlieten honderden jaren lang een "aan-uit"-relatie met God. Ze aarzelden tussen het liefhebben en dienen van God, en het zich afkeren van Hem en het aanbidden van afgoden. We lezen veel verhalen waarin God hen streng strafte. Dit was niet omdat Hij hen haatte; het was omdat Hij van hen hield. Hij wilde dat ze zouden inzien dat het zich afkeren van Hem hen nooit liefde, vrede, vreugde en leven zou brengen. We vinden hetzelfde probleem onder zijn volgelingen vandaag de dag. Daarom is het zo belangrijk om God en Zijn Woord heel serieus te nemen. Hij wil dat we ons volledig aan Hem wijden.

Interessant genoeg zijn de Joden nog steeds een van de meest gehate mensen ter wereld. Satan haat hen, en vervolgens haten veel mensen die God niet volgen hen. Dit komt deels omdat ze de geliefden van God zijn, en deels omdat Jezus uit deze Joodse bloed-lijn kwam. Het is wonderbaarlijk dat hun land slechts een derde zo groot is als de staat Florida, en toch hebben ze oorlog na oorlog ge-wonnen en hun kleine landje intact gehouden. God heeft hen wer-kelijk bewaard.

Het Nieuwe Testament

Het tweede deel van de Bijbel wordt het Nieuwe Testament (NT) genoemd, wat een Nieuw Verbond is tussen God en degenen die in Jezus geloven, Hem liefhebben en Hem dienen (2 Korintiërs 3:6[6]; Hebreeën 10:16[7]). Deze mensen worden christenen genoemd. Christenen vormen de Kerk, wat een belichaming is van deze nieu-we verbondsrelatie. Of je nu man of vrouw bent, zwart of blank, rijk of arm, Jood of niet-Jood, je maakt deel uit van Gods uitverkoren fa-milie - als je oprecht in Christus gelooft en probeert te leven volgens Zijn wil.

Als we deze relatie aangaan, is het noodzakelijk om een gezon-de vrees voor God te cultiveren. Deze "vrees" is geen angst - het is eerder een respect en ontzag dat we moeten bezitten om de Heer echt te aanbidden en gehoorzamen. God is een majestueuze God en Hij verdient de glorie, eer en aanbidding van mensen. De mens kan de Levende God niet voor altijd negeren, verwerpen en minachten.

De kracht van de Bijbel

We lezen dat de Bijbel leeft (Hebreeën 4:12[8]). Het is een bovenna-tuurlijk boek, het legt de wortel van de zonde in het menselijk hart bloot en pakt die aan. Omdat God Waarheid is en Hij niet kan liegen, is Zijn Woord voor ons de enige bron van echte Waarheid in het uni-versum. De Bijbel is, net als de Vader, Zoon en Geest, eeuwig van aard (Marcus 13:31[9]; 1 Petrus 1:25[10]).

Om de Schrift te begrijpen, hebben we de Heilige Geest nodig. Degenen die de Geest niet in zich hebben, kunnen de inhoud ervan niet begrijpen (1 Korintiërs 2:10-16[11]). Daarom vinden mensen die niet in Jezus geloven het Woord van God saai en irrelevant. De Geest brengt het Woord voor ons tot leven. Het Woord vernieuwt ons denken, vormt onze wil en ons hart (Psalm 19:8-10[12]).

We snakken naar een eeuwige, rotsvaste waarheid om ons leven op te baseren, omdat het wereldsysteem waarin we leven vol leugens, manipulatie, haat en hebzucht zit. Zijn we niet allemaal in de steek gelaten door de overheid? Door de wetenschap? Door de geneeskunde? Door vrienden, familie, bazen – mensen in het algemeen? Dat komt omdat deze wereld is gebouwd op menselijke wijsheid. De aangeboren natuur van de mens is bedrieglijk en slecht (Jeremia 17:9[13])! Zelfs als we Gods methoden zoeken, zijn we nog steeds vatbaar voor fouten, we zijn tenslotte feilbare mensen.

Hoe kunnen we leven volgens Gods principes?

Er is een antwoord op ons dilemma en dat vinden we in de Bijbel! De Schrift kan ons geweten reinigen en onze motieven zuiveren (Jeremia 23:29[14]; Efeziërs 5:25-26[15]; 1 Timotheüs 1:5[16]). Als we het Woord regelmatig lezen en het van harte gehoorzamen, kan het ons heilig maken (Johannes 17:17[17]). De Geest van God en de Bijbel kunnen ons echt leven geven (Johannes 6:63[18]; 1 Petrus 1:23[19]). Het leert ons wat goed en wat fout is en kan ons denken corrigeren (2 Timotheüs 3:16-17[20]). Het verandert de manier waarop we denken, zodat we Gods wil voor ons leven kunnen begrijpen en volgen (Romeinen 12:2[21]).

De Bijbel wordt het Zwaard van de Geest genoemd, omdat het door de kracht van de Heilige Geest in staat is om door de leugens die we geloven heen te snijden en onze oude manier van redeneren te vernietigen (Efeziërs 6:17[22]). Jezus wordt, net als de Bijbel, ook

Het Woord van God genoemd (Johannes 1:1[23]; Openbaring 19:13[24]) en Het Woord van Leven (1 Johannes 1:1[25]). Zijn woorden (de Bijbel) zijn gelijk aan God! Hij is het Levende Woord en de Bijbel is het Geschreven Woord.

De Schrift is een lamp voor onze voeten en een licht op ons pad in het leven (Psalm 119:105[26]). Het waarschuwt ons tegen gevaren op ons christelijke levenspad en het beschermt ons, als we het gehoorzamen. Het kan ons ervan te weerhouden om tegen onszelf te liegen (Psalm 119:29[27]). Het kan onze ziel redden als we het lezen en de richtlijnen ervan volgen (Jakobus 1:21[28]). Het kan ons ervan weerhouden te zondigen (Psalm 119:11[29]) en ons rein houden (Psalm 119:9[30]). Het heeft ook de kracht om ons te redden van de boze, Satan (1 Johannes 2:14[31]), als we het in ons hart laten leven en wonen.

Onthoud dat we redding ontvangen door geloof in Christus, maar we moeten onszelf blijven reinigen om in Hem te blijven. De Bijbel doet dat voor ons, daarom moeten die dagelijks lezen. De Schrift herinnert ons eraan dat we het Woord moeten gehoorzamen, anders bedriegen we onszelf (Jakobus 1:22-25[32]; 1 Petrus 2:8[33]). We tonen letterlijk onze liefde voor Jezus door Zijn Woord te gehoorzamen (Johannes 14:15[34], Johannes 14:21[35]; 1 Johannes 2:5[36]). En we zullen gezegend worden door de geboden van onze Heer te volgen (Openbaring 1:3[37]; Openbaring 22:7[38]). God heeft ons zeker stevig in zijn greep, dus we hoeven ons niet constant zorgen te maken over "afvallen". Maar onze relatie met Hem zal zeker besmet raken als we geen moeite doen om dicht bij Jezus te blijven!

Dit geeft bij lange na niet weer hoe geweldig en krachtig de Bijbel is. Ik kan niet genoeg benadrukken hoe belangrijk het is om dagelijks de Bijbel te lezen en er na te leven. En "lees" hem niet alleen – bestudeer hem! Bid tijdens het lezen. Stel vragen zoals "Hoe heeft dit betrekking op mijn leven?" Of "God, wat probeert U mij te zeggen?" Zoek de kaarten op en kijk waar je tekst zich afspeelt. Je kunt de verwijzingen naar andere soortgelijke passages zoeken die zich aan de binnenkant van je Bijbel bevinden. Schrijf je gedachten en gebeden op. Het is een geweldige ervaring en je leert God zoveel beter kennen. Overweeg alsjeblieft om elke ochtend wat eerder op te staan als dat nodig is.

Begin elke dag met het Boek des Levens! Als je een nachtbraker bent, lees dan elke avond je Bijbel. Je zult nooit de kwaliteit van leven hebben die je wenst met God als je Hem niet regelmatig ontmoet in Zijn Woord. Als je een nieuwe christen bent, is het boek Johannes een geweldige plek om te beginnen, omdat het benadrukt wie Jezus is.

De Bijbel bestuderen is leuk! Het zal je leven in Christus zoveel dieper en oneindig veel levendiger maken. Het is een reddingslijn naar God en een Rots om je stabiel te houden in deze steeds veranderende en vaak gevaarlijke wereld (Jesaja 26:34[39]). Het Woord geeft ons Gods hart, onthult Zijn doel voor ons en toont Zijn liefde voor ons. Je zult er nooit spijt van krijgen dat je tijd hebt besteed aan het leren kennen van God door de Bijbel. Het is de tijd en moeite waard om Hem te leren kennen.

Je leven zal letterlijk worden getransformeerd als je Gods Woord bestudeert!

-BIJBELVERZEN-

1. **1 Thessalonicenzen 2: 13** Wij danken God dan ook onophoudelijk dat u zijn woord, dat u van ons ontvangen hebt, niet hebt aangenomen als een boodschap van mensen, maar als wat het werkelijk is: het woord van God, dat werkzaam is in u, die gelooft.

2. **2 Petrus 1:20-21** Besef daarbij vooral dat geen enkele profetie uit de Schrift een eigenmachtige uitleg toelaat, 21 want nooit is een profetie voortgekomen uit menselijk initiatief: mensen die namens God spraken werden daartoe altijd gedreven door de heilige Geest.

3. **Deuteronomium 7:6** Want u bent een volk dat aan de HEER, uw God, is gewijd. U bent door Hem uitgekozen om, anders dan alle andere volken op aarde, zijn kostbaar bezit te zijn.

4. **Leviticus 26:12** Ik zal in je midden verkeren; Ik zal jullie God zijn en jullie mijn volk.

5. **Deuteronomium 6:4-9** Luister, Israël: de HEER, onze God, de HEER is de enige! 5 Heb de HEER, uw God, lief met heel uw hart en met heel uw ziel en met heel uw kracht. 6 Houd de geboden die ik u vandaag opleg steeds in gedachten. 7 Prent ze uw kinderen in en spreek er steeds over, thuis en onderweg, als u naar bed gaat en als u opstaat. 8 Draag ze als een teken om uw arm en als een band op uw voorhoofd. 9 Schrijf

ze op de deurposten van uw huis en op de poorten van de stad.

6. **2 Korintiërs 3:6** Hij heeft ons geschikt gemaakt om het nieuwe verbond te dienen: niet het verbond van een geschreven wet, maar dat van zijn Geest. Want de letter doodt, maar de Geest maakt levend.

7. **Hebreeën 10:16** Dit is het verbond dat Ik in de toekomst met hen zal sluiten,' spreekt de Heer: 'In hun hart zal Ik mijn wetten leggen, in hun verstand zal Ik ze neerschrijven

8. **Hebreeën 4:12** Het woord van God is levend en krachtig, en scherper dan een tweesnijdend zwaard: het dringt diep door tot waar ziel en geest, been en merg elkaar raken, en het is in staat de opvattingen en gedachten van het hart te ontleden.

9. **Marcus 13:31** Hemel en aarde zullen verdwijnen, maar mijn woorden verdwijnen nooit.

10. **1 Petrus 1:25** Maar het woord van de Heer houdt eeuwig stand. Dit woord is het evangelie dat u verkondigd is.

11. **1 Korintiërs 2:10-16** Aan ons heeft God dit geopenbaard, door de Geest, want de Geest doorgrondt alles, ook de diepten van God. 11 Wie is in staat de mens te kennen, behalve de geest van de mens? Zo is alleen de Geest van God in staat om God te kennen. 12 Wij hebben niet de geest van de wereld ontvangen, maar de Geest die van God komt, opdat we zouden weten wat God ons in zijn goedheid heeft geschonken. 13 Daarover spreken wij, niet op een manier die ons door menselijke wijsheid is geleerd, maar zoals de Geest het ons leert: wij verklaren het geestelijke met het geestelijke. 14 Een mens die de Geest niet bezit, aanvaardt niet wat van de Geest van God komt, want voor hem is het dwaasheid. Hij kan het ook niet begrijpen, omdat het geestelijk

moet worden beoordeeld. 15 Maar een mens die de Geest wel bezit, kan alles op de juiste wijze beoordelen, en zelf kan hij door niemand beoordeeld worden. 16 Er staat immers geschreven: 'Wie kent de gedachten van de Heer, zodat hij Hem zou kunnen onderwijzen?' Welnu, onze gedachten zijn die van Christus.

12. **Psalm 19:8-10** De wet van de HEER is volmaakt: levenskracht voor de mens. De richtlijn van de HEER is betrouwbaar: wijsheid voor de eenvoudige. 9 De bevelen van de HEER zijn eenduidig: vreugde voor het hart. Het gebod van de HEER is helder: licht voor de ogen. 10 Het ontzag voor de HEER is zuiver, houdt stand, voor altijd. De voorschriften van de HEER zijn waarachtig, rechtvaardig, geheel en al.

13. **Jeremia 17:9** Niets is zo onbetrouwbaar als het hart, onverbeterlijk is het, wie zal het kennen?

14. **Jeremia 23:29** Is mijn woord niet als een vuur, als een hamer die een rots verbrijzelt? – spreekt de HEER.

15. **Efeziërs 5:25-26** Mannen, heb uw vrouw lief, zoals Christus de kerk heeft liefgehad en zich voor haar heeft prijsgegeven 26 om haar te heiligen, haar te reinigen met het water en met woorden

16. **1 Timotheüs 1:5** Het doel van je opdracht is de liefde die voortkomt uit een rein hart, een zuiver geweten en een oprecht geloof.

17. **Johannes 17:17** Heilig hen dan door de waarheid. Uw woord is de waarheid

18. **Johannes 6:63** Het aardse bestaan leidt tot niets, het is de Geest die levend maakt. Wat Ik gezegd heb is vol van Geest en leven.

19. **1 Petrus 1:23** als mensen die opnieuw zijn geboren, niet uit vergankelijk maar uit onvergankelijk zaad, door Gods levende woord, dat voor altijd standhoudt.

20. **2 Timotheüs 3:16-17** Alles wat de Schrift zegt is door God geïnspireerd en kan gebruikt worden om onderricht te geven, om dwalingen en fouten te weerleggen, en om op te voeden tot een rechtschapen leven, 17 zodat een dienaar van God voor zijn taak berekend is en voor elk goed doel volledig is toegerust.

21. **Romeinen 12:2** U moet uzelf niet aanpassen aan deze wereld, maar u veranderen door uw gezindheid te vernieuwen, om zo te ontdekken wat God wil en wat goed, volmaakt en Hem welgevallig is.

22. **Efeziërs 6:17** Draag de verlossing als helm en Gods woord als zwaard, dat u van de Geest ontvangt.

23. **Johannes 1:1** In het begin was het Woord, het Woord was bij God en het Woord was God.

24. **Openbaring 19:13** Hij droeg met bloed doordrenkte kleren. Zijn naam luidde 'Woord van God'.

25. **1 Johannes 1:1** Wat er was vanaf het begin, wat wij gehoord hebben, wat wij met eigen ogen gezien en aanschouwd hebben, wat onze handen hebben aangeraakt, dat verkondigen wij: het Woord dat leven is.

26. **Psalm 119:105** Uw woord is een lamp voor mijn voet, een licht op mijn pad.

27. **Psalm 119:29** Houd mij ver van bedrieglijke wegen en leer mij genadig uw wet.

28. **Jakobus 1:21** Wees daarom zachtmoedig en leg alle verdorvenheid en elk denkbaar wangedrag af. En aanvaard zo de boodschap die in u is geplant en die u kan redden.

29. **Psalm 119:11** Uw belofte (Uw Woord) heb ik in mijn hart geborgen, zo zal ik niet tegen U zondigen.

30. **Psalm 119:9** Hoe kan wie jong is zuiver leven? Door zich te houden aan uw woord.

31. **1 Johannes 2:14** Kinderen, ik schrijf u dus dat u de Vader kent. Ouderen, u schrijf ik: u kent Hem die er is vanaf het begin. Jongeren, u schrijf ik: u bent sterk, het woord van God blijft in u, en u hebt hem die het kwaad zelf is overwonnen.

32. **Jakobus 1:22-25** Vergis u niet: alleen horen is niet genoeg, u moet wat u gehoord hebt ook doen. 23 Want wie de boodschap hoort maar er niets mee doet, is als iemand die het gezicht waarmee hij is geboren in de spiegel bekijkt: 24 hij ziet zichzelf, maar zodra hij wegloopt is hij vergeten hoe hij eruitzag. 25 Wie zich daarentegen spiegelt in de volmaakte wet, die vrijheid brengt, en dat blijft doen, niet als iemand die hoort en vergeet, maar als iemand die ernaar handelt – hem valt geluk ten deel, juist in wat hij doet.

33. **1 Petrus 2:8** En: 'Het is een steen waarover men struikelt, een rotsblok waaraan men zich stoot.' Zij struikelen omdat ze weigeren Gods woord te gehoorzamen, daartoe zijn ze bestemd.

34. **Johannes 14:15** Als je Mij liefhebt, houd je dan aan mijn geboden.

35. **Johannes 14:21** Wie mijn geboden kent en zich eraan houdt, heeft Mij lief. Wie Mij liefheeft zal de liefde van mijn Vader en Mij ontvangen, en Ik zal mij aan hem bekendmaken.

36. **1 Johannes 2:5** In ieder die zich aan Gods woord houdt, is zijn liefde werkelijk tot volmaaktheid gekomen; hierdoor weten we dat we in Hem zijn.

37. **Openbaring 1:3** Gelukkig is wie dit voorleest, en gelukkig zijn zij die deze profetie horen en zich houden aan wat erin geschreven staat. Want de tijd is nabij.

38. **Openbaring 22:7** Ik kom spoedig!' Gelukkig is wie zich houdt aan de profetie van dit boek.

39. **Jesaja 26:3-4** De standvastige is veilig bij U, vrede is er voor wie op U vertrouwt. 4 Vertrouw op de HEER, voor altijd, want de HEER is een eeuwige rots.

-WIE IS GOD?-

In dit hoofdstuk leren we over God, de Vader - de eerste Persoon van de Drie-enige Godheid. Drie-enig betekent "drie in eenheid". Jezus is de Tweede Persoon en de Heilige Geest is de Derde Persoon in deze wonderbaarlijke Unie. Ze zijn allemaal afzonderlijke Personen en zijn gelijk in macht en majesteit. Ze waren allemaal aanwezig bij de Schepping en ze houden samen het universum in stand. We noemen deze Godheid de Drie-eenheid. Het is een moeilijk te begrijpen concept, maar dat geldt ook voor elektriciteit. En we geloven allemaal dat elektriciteit bestaat.

De persoonlijkheid van God de Vader kent vele facetten. Bijvoorbeeld, net zoals een man een echtgenoot, een vader, een werknemer en een zoon kan worden genoemd, weerspiegelen Gods namen Zijn verschillende rollen. Hij wordt Heer genoemd, wat "Meester" of "Eigenaar" betekent. In het Hebreeuws wordt Hij ook Jehovah Jireh genoemd, wat "God zal voorzien" betekent. Hij wordt ook El Shaddai genoemd, wat "God Almachtig" betekent. Een andere van Zijn namen is Adonai, wat staat voor "De Allerhoogste Heer".

In het begin

Het begin van de Bijbel vermeldt dat God de Schepper van het universum is (Genesis 1:1[1]; Psalm 24:1-2[2]). Hij is ook de Schepper van het menselijk ras (Genesis 2:4-7[3]; Psalm 139:13-16[4]). We kunnen instemmend knikken bij deze uitspraak, en denken: "Natuurlijk heeft God alles geschapen"! Maar omdat ons op school vaak is geleerd dat we het resultaat zijn van een "oerknal", of dat we afstammen van apen en alleen de sterksten van ons overleven, hebben we vaak een mengeling van overtuigingen over de tegenstrijdige dingen die we in de loop der jaren hebben gehoord en geleerd over Gods schepping.

Echter, geloven in een andere waarheid dan dat we uniek zijn geschapen door de hand van God kan tot veel psychologische en spirituele problemen leiden. Elke theorie die de Schepping door God ontkent of in twijfel trekt, negeert de schoonheid van God die de mensheid persoonlijk vorm gaf.

Het meest schadelijke is uit het oog verliezen hoe kostbaar ieder van ons is voor God. Ons leven zelf is uiterst belangrijk, omdat God Zelf ons op wonderlijk wijze heeft gevormd en Hij intiem leven in ons heeft geblazen (Job 10:8a[5]; Job 33:4[6]).

De mens versus God

In het eerste hoofdstuk van dit boek leerden we dat ons menselijk hart bedrieglijk en slecht is. We hebben iemand buiten onszelf nodig – machtiger, capabeler en moreler dan wij – om onze zondige toestand te veranderen. Hoewel het waar is dat iemand zonder God een relatief "fatsoenlijk" leven kan leiden, is de realiteit dat we zonder Hem niet in staat zijn om een zuiver hart met juiste motieven te hebben. Bovendien, als we geen relatie met God hebben via Jezus Christus, is de hemel voor ons onbereikbaar (Johannes 14:6[7]).

God is totaal anders dan wij. Hoewel we naar Zijn evenbeeld zijn geschapen, heeft de zonde ons vermogen om Zijn glorie aan deze wereld te laten zien, verstoord. Hij haat het kwaad dat we doen (Spreuken 6:16-19[8]). We hebben de neiging om van onze zonde, onze afgoden en onze egoïstische manieren te houden. God zal echter geen zonde tolereren, ook al houdt Hij van alle mensen. De belangrijkste reden dat Hij zonde verafschuwt, is liefde – omdat onze zonde ons van Hem scheidt.

God houdt van rechtvaardigheid en Hij is altijd eerlijk. Mensen willen Hem vaak de schuld geven van de verschrikkelijke wreedheden in de wereld, maar een groot deel van de verwoesting die we zien is een direct gevolg van de hebzucht, haat en lust van de mens, en hun weigering om zich aan God te onderwerpen en Hem te gehoorzamen. Toen God de mensheid schiep, bedoelde Hij dat we in een perfecte wereld zouden leven – de wereld waar we nu naar verlangen. Zonde heeft echter dood, verval en vernietiging in ons leven gebracht. En laten we niet vergeten dat de vijand van onze ziel, Satan, direct bijdraagt aan het kwaad dat we zien.

Het karakter van God

Het menselijke "karakter" is een optelsom van onderscheidende kenmerken, aangeleerd gedrag en natuurlijke, aangeboren eigenschappen die een persoon bezit. Ons karakter bepaalt grotendeels onze keuzes, want wie we zijn = wat we doen. Wat we ook "zeggen" - we eindigen met "doen" wat we echt willen doen. Vaak doen we wat we willen zonder rekening te houden met anderen.

God heeft daarentegen een "absoluut" karakter. Hij is altijd dezelfde geweest en zal voor altijd dezelfde blijven. Hij verandert niet vanwege gevoelens, locatie, omstandigheden of invloeden van buitenaf. Hij handelt altijd in volmaakte liefde en volmaakte rechtvaardigheid. Dat is Zijn "karakter" - dat is wie Hij IS. Zijn persoonlijkheid en kwaliteiten zijn het thema van dit hoofdstuk.

De Bijbel vertelt ons dat wanneer de Geest van God in ons woont nadat we Jezus in ons leven hebben ontvangen, veel van ons karakter op bovennatuurlijke wijze wordt veranderd (Romeinen 12:2[9]). Een relatie hebben met de Almachtige Schepper zou je radicaal moeten veranderen! We worden letterlijk nieuwe scheppingen door de verlossing (2 Korintiërs 5:17[10]). We krijgen nieuwe harten, gedachten en verlangens (Ezechiël 36:26-27[11]; Hebreeën 8:10[12]).

Deze tekst in Hebreeën verwijst naar de Joden. Vergeet niet dat zij Gods uitverkoren volk waren in het Oude Testament. Joden en heidenen (niet-Joden) werden als twee afzonderlijke groepen beschouwd , omdat het Joodse volk door God werd afgezonderd van de rest van de wereld. Hij koos hen om Zijn glorie en Zijn wegen aan anderen te tonen. En zij waren de enige etnische groep die geloofde in de Ene Ware God, in tegenstelling tot de ongebreidelde afgoderij die zo gebruikelijk was onder andere culturen.

Maar sinds het Nieuwe Testament zijn Joden en heidenen nu samengebracht. Dit kwam tot stand omdat Jezus naar het kruis ging voor alle mensen, zodat zij zouden kunnen kiezen om bevrijd te worden van hun zonden. Nu, als we wedergeboren zijn - ongeacht onze afkomst - zijn we "Gods volk" en worden we afgezonderd om Zijn glorie aan de wereld te tonen.

Overigens, ook al ben ik een heiden en heb ik het geweldige voorrecht om Gods kind te zijn, geloof ik dat Hij altijd een heel speciale plek in Zijn hart zal hebben voor het Joodse volk.

Probeer je tijdens deze les voor te stellen hoe lieflijk, mooi, waar, trouw en goed onze God werkelijk is. En bedenk ook hoe majestueus, krachtig, rechtvaardig en heilig Hij is! Geef dan je hele wezen aan Hem en besluit Hem je te laten veranderen zodat je meer op Hem lijkt.

***

God de Vader is Geest (Johannes 4:24[13]). Hij is niet sterfelijk (Job 9:32[14]), Hij is niet menselijk en is niet geschapen. Deze eeuwige staat wordt pre-existentie genoemd. Het is moeilijk voor ons om te begrijpen, maar God is er altijd geweest. Hij leefde voordat de tijd begon en Hij zal voor altijd leven, wat onsterfelijkheid betekent. Daar komt ons verlangen om voor eeuwig te leven vandaan (Prediker 3:11[15]). Wat zo verbazingwekkend is, is dat Jezus ook pre-existent en onsterfelijk is (Johannes 1:1[16]), aangezien Hij Zelf ook God is – God in het vlees.

God is een jaloerse God (Exodus 20:5a[17]). Deze jaloezie is echter niet zoals menselijke jaloezie. Nee, dit is het soort 'jaloezie' dat een verzorgende echtgenoot heeft voor zijn geliefde vrouw – vanuit een gezonde liefde om haar te beschermen. Hij bewaakt de verbintenis die hij met haar heeft, zodat de wereld die niet schendt. God gebruikt deze analogie vaak door Zijn volk "Zijn Bruid" te noemen. Net als een zorgzame en ondersteunende echtgenoot, wordt Hij ook onze toevlucht en onze kracht genoemd (Psalm 46:2[18]). Er is maar één ware God (2 Samuël 7:22[19]). Het woord soeverein in deze Schrift betekent "In absolute controle; Oppermachtig; Zelfbesturend". Hij alleen is de heerser van het universum (Jesaja 43:10[20]; Jesaja 44:6-8[21]). Hij is een bovennatuurlijke God en werkt op wonderbaarlijke en verbazingwekkende manieren (Psalm 77:15[22]). Niets is te groot of te moeilijk voor God. En hoewel Hij soms de dwaze plannen van de mens omverwerpt, zal Hij als we weigeren Hem lief te hebben en te gehoorzamen, ons niet dwingen om Hem lief te hebben en te gehoorzamen. Echte liefde geeft altijd de vrijheid om te kiezen.

God wordt onze Rots genoemd, omdat Hij volkomen stabiel is in al Zijn wegen (Psalm 18:2-4[23]; Psalm 18:31-34[24]). Hij is een Schild en een Beschermer van degenen die Hem liefhebben, vertrouwen en gehoorzamen. Hij is de Enige Ware Redder, en als zodanig is Hij de enige die ons echte redding biedt (Jesaja 45:21-22[25]).

Hij is een persoonlijke God

Als we tot God bidden, hoort en beantwoordt Hij onze gebeden. De Bijbel zegt zelfs: "Hij luistert naar mij, ik roep Hem aan, mijn leven lang." (Psalm 116:2[26]). Natuurlijk is Hij geest en buigt Hij zich niet letterlijk, maar het is een woordbeeld voor ons, zodat we ons kunnen voorstellen hoe teder en attent onze God werkelijk is.

Als we bidden, moeten we beseffen dat de uitkomst van onze gebeden vaak op een totaal andere manier zal worden beantwoord dan wat we vroegen. Hoewel we voor alles moeten bidden, weten we dat Gods antwoorden volledig in overeenstemming zijn met Zijn wil (1 Johannes 5:14[27]). Zelfs Jezus werd onderworpen aan intens lijden, dus we moeten soms niet minder verwachten in ons eigen leven (Mattheüs 26:39[28]).

Een wijs persoon weet dat God altijd op de meest heilzame manier op onze gebeden reageert. In Zijn wijsheid weet alleen Hij dat we misschien ontberingen of lijden nodig hebben om dichter bij Hem te komen, of om onzuiverheden in ons leven te verwijderen. En wees niet verbaasd als jouw gebeden op opmerkelijke manieren worden verhoord, want Hij is een machtige, opwindende, krachtige en eeuwige God (Deuteronomium 10:21[29])!

God IS liefde (1 Johannes 4:8[30]). Hij houdt niet alleen van ons – Zijn basisnatuur is liefde, dus Hij kan niet anders dan van ons houden. Maar dit is niet ons type liefde – emotioneel geladen, voorwaardelijk en voortdurend veranderend. Gods liefde is constant en Hij heeft altijd ons belang voor ogen. Dit unieke soort liefde wordt agape-liefde genoemd en wordt beschreven in 1 Korintiërs 13:4-6-7[31].

Je hebt deze Schriftplaats misschien al eerder gehoord, maar vraag jezelf af hoe regelmatig je zelfs maar één van deze eigenschappen vertoont. Ik vind het moeilijk om consequent slechts één van deze uitingen van liefde te tonen! Dit is het type liefde dat God wil dat wij voor Hem en voor anderen hebben, maar het is menselijkerwijs onmogelijk zonder dat Zijn Geest in ons werkt.

Een ander kenmerk van God is gerechtigheid. Dit is het deel van God dat we misschien niet begrijpen of zelfs niet leuk vinden. Maar omdat Hij een Heilige God is, moet Hij eerlijk zijn. Net zoals we niet van een goede ouder verwachten dat hij zo "liefdevol" is dat hij nooit "nee" zegt of discipline uitdeelt, houdt God onvoorwaardelijk van ons - maar Hij moet ook ongehoorzaamheid straffen. Daarom zien we in de Bijbel rampzalige gevolgen voor degenen die Hem niet gehoorzamen (Psalm 31:24[32]; Psalm 145:20[33]).

De Bijbel zegt dat God de enige in het universum is die alwetend is. Daarom kan Hij alleen ons verlossen van zonde en gevaar. God is overal - een term die alomtegenwoordig wordt genoemd, zodat Hij alles te allen tijde ziet, alles tegelijk.

Hij is echter niet "in alles" zoals sommige religies beweren. Hij komt, door Zijn Heilige Geest, alleen in degenen wonen die Jezus Christus hebben toegestaan hun leven te verlossen. Hij woont alleen in de harten van degenen die van Hem houden. Bovendien is God almachtig, dus Hij is werkelijk in staat om te doen wat Hij wil.

Dit is troostend voor gelovigen, omdat we weten dat Hij de leiding heeft over de wereld, zelfs wanneer het lijkt alsof het uit de hand loopt (Psalm 22:29[34]). Onze grote hoop is de zekerheid dat God op een dag in volledige waarheid en goedheid voor eeuwig zal regeren. Maar voor nu is Satan de god van deze wereld, en we zullen het kwaad ervaren totdat hij vernietigd is.

God is geweldig

Gods wegen en gedachten zijn heel anders dan de onze (Jesaja 55:8-9[35]). Dit is belangrijk om te begrijpen, omdat we Hem vaak in ons hokje willen passen, terwijl we onszelf eigenlijk in ZIJN hokje moeten passen. Mensen willen hun leven op hun eigen voorwaarden leiden – en vaak 'plakken' ze God gewoon aan hun leven vast.

Er zijn bijvoorbeeld mensen die zichzelf 'christenen' noemen, zodat ze zich goed kunnen voelen over het feit dat ze 'in het reine zijn met God'. Maar ze hebben hun wil en leven niet echt aan Hem overgegeven. Dit is een heel gevaarlijke positie om in te leven. Hij is er stellig van overtuigd dat je óf voor Hem bent, óf tegen Hem.

God maakt het duidelijk in Zijn Woord: We moeten Hem liefhebben, Hem dienen en Hem gehoorzamen met ons hele wezen (Deuteronomium 7:9[36], Deuteronomium 7:12[37]; Deuteronomium 10:12-13[38]; Deuteronomium 11:1[39], Deuteronomium 11:22[40]).

God verdient onze aanbidding! Hij is genadig, meelevend en barmhartig. Hij vergeeft ons graag als we oprecht verdrietig zijn en we bereid zijn om ons af te keren van onze zonde (Psalm 25:4-15[41]; Psalm 116:5[42]; Jona 4:2b[43]). Hij zal altijd van ons houden, ongeacht wat we hebben gedaan. We kunnen echter niet beweren dat we in gemeenschap met Hem zijn als we Zijn wil niet boven de onze stellen en besluiten om volgens Zijn normen te leven (1 Johannes 1:6[44]). Er zullen zeker fouten worden gemaakt, maar onze algehele levensstijl moet onze relatie met Hem weerspiegelen.

Het geeft God veel genoegen om je in Zijn familie op te nemen! Hij is gepassioneerd over het begeleiden, onderwijzen en bekrachtigen van jou (Efeziërs 1:5[45])! Als je niet weet hoe je je leven aan God moet onderwerpen, vraag het Hem dan en Hij zal het je laten zien.

Hij belooft je de kracht te geven om Hem te gehoorzamen (Filippenzen 2:13[46]). Je kunt leren wat Hij van je wil en wat Hij je biedt door de Bijbel te lezen, met Hem te praten in gebed en betrokken te zijn bij een op Christus gerichte kerk.

God verlangt ernaar een intieme relatie met je te hebben!

HOOFDSTUK 6

-BIJBELVERZEN-

1. **Genesis 1:1** In het begin schiep God de hemel en de aarde.

2. **Psalm 24:1-2** Van de HEER is de aarde en alles wat daar leeft, de wereld en wie haar bewonen, 2 Hij heeft haar op de zeeën gegrondvest, op de stromen heeft Hij haar verankerd.

3. **Genesis 2:4-7** Dit is de geschiedenis van de hemel en de aarde, zo werden ze geschapen. In de tijd dat de HEER God aarde en hemel maakte, 5 groeide er op de aarde nog geen enkele struik en was er geen enkel gewas opgeschoten, want de HEER God had het nog niet laten regenen op de aarde, en er waren geen mensen om het land te bewerken; 6 wel was er water dat uit de aarde opwelde en de aardbodem overal bevloeide. 7 Toen maakte de HEER God de mens. Hij vormde hem uit stof, uit aarde, en blies hem levensadem in de neus. Zo werd de mens een levend wezen.

4. **Psalm 139:13-16** U was het die mijn nieren vormde, die mij weefde in de buik van mijn moeder. 14 Ik loof U om het ontzaglijke wonder van mijn bestaan, wonderbaarlijk is wat U gemaakt hebt. Ik weet het, tot in het diepst van mijn ziel. 15 Toen ik in het verborgene gemaakt werd, kunstig geweven in de schoot van de aarde, was mijn wezen voor U geen geheim. 16 Uw ogen zagen mijn vormeloos begin, alles werd in uw boekrol opgetekend, aan de dagen van mijn bestaan ontbrak er niet één.

5. **Job 10:8a** Uw handen hebben me gevormd en gemaakt, geheel en al

6. **Job 33:4** De geest van God heeft mij gemaakt, de adem van de Ontzagwekkende doet mij leven.

7. **Johannes 14:6** Jezus zei: 'Ik ben de weg, de waarheid en het leven. Niemand kan bij de Vader komen dan door Mij.

8. **Spreuken 6:16-19** Zes dingen haat de HEER, zeven dingen zijn Hem een gruwel: 17 ogen die hooghartig kijken en een tong die liegt, handen die onschuldig bloed vergieten 18 en een hart dat op het kwade zint, voeten die zich naar de misdaad reppen 19 en getuigen die bedriegen, altijd liegen, en zij die stoken tussen broers.

9. **Romeinen 12:2** U moet uzelf niet aanpassen aan deze wereld, maar u veranderen door uw gezindheid te vernieuwen, om zo te ontdekken wat God wil en wat goed, volmaakt en Hem welgevallig is.

10. **2 Korintiërs 5:17** Daarom ook is iemand die één met Christus is, een nieuwe schepping. Het oude is voorbij, het nieuwe is gekomen.

11. **Ezechiël 36:26-27** Ik zal jullie een nieuw hart en een nieuwe geest geven, Ik zal je versteende hart uit je lichaam halen en je er een levend hart voor in de plaats geven. 27 Ik zal jullie mijn geest geven en ervoor zorgen dat jullie je aan mijn bepalingen houden en mijn regels naleven.

12. **Hebreeën 8:10** Maar dit is het verbond dat Ik in de toekomst met het volk van Israël zal sluiten – spreekt de Heer: In hun verstand zal Ik mijn wetten leggen en in hun hart zal Ik ze neerschrijven. Dan zal Ik hun God zijn en zij zullen mijn volk zijn.

13. **Johannes 4:24** want God is Geest, dus wie Hem aanbidt, moet dat doen vervuld van Geest en waarheid

14. **Job 9:32** Hij is geen mens, zoals ik, anders zou ik Hem kunnen antwoorden als we samen voor de rechter stonden.

15. **Prediker 3:11** God heeft alles wat er is de goede plaats in de tijd gegeven, en ook heeft Hij de mens inzicht in de tijd gegeven. Toch kan de mens het werk van God niet van begin tot eind doorgronden.

16. **Johannes 1:1** In het begin was het Woord, het Woord was bij God en het Woord was God.

17. **Exodus 20:5a** Kniel er niet voor neer en vereer ze niet, want Ik, de HEER, uw God, duld geen ontrouw.

18. **Psalm 46:2** God is voor ons een veilige schuilplaats, een betrouwbare hulp in de nood.

19. **2 Samuël 7:22** Daarom bent U groot, HEER, mijn God. Het is zoals ons altijd is voorgehouden: zoals U is er geen, er bestaat geen andere god dan U.

20. **Jesaja 43:10** Mijn getuige zijn jullie – spreekt de HEER –, mijn dienaar, die Ik uitgekozen heb opdat jullie Mij zouden kennen en vertrouwen, en zouden inzien dat Ik het ben. Vóór Mij is er geen god gevormd, en na Mij zal er geen zijn.

21. **Jesaja 44: 6-8** Dit zegt de HEER, Israëls koning en bevrijder, de HEER van de hemelse machten: Ik ben de eerste en de laatste, er is geen god buiten Mij. 7 Wie is zoals Ik? Laat hij het woord nemen. Laat hij vertellen en aan Mij ontvouwen wat er te gebeuren stond vanaf de dag dat Ik de mensheid schiep, en laat hij onthullen wat er gebeuren gaat. 8 Vrees niet, laat je niet door angst verlammen: heb Ik het je niet vanaf het begin laten horen, heb Ik het je niet aldoor verteld?

Jullie zijn mijn getuigen: is er een god buiten Mij, of een andere rots? Ik ken er geen.

22. **Psalm 77:15** U bent de God die wonderen doet, U hebt de volken uw macht getoond, 16 uw arm heeft uw volk bevrijd, de kinderen van Jakob en Jozef.

23. **Psalm 18:2-4** Ik heb U lief, HEER, mijn sterkte, 3 HEER, mijn rots, mijn vesting, mijn bevrijder, God, mijn steenrots, bij U kan ik schuilen, mijn schild, kracht die mij redt, mijn burcht. 4 Ik roep: 'Geloofd zij de HEER,'want ik ben van mijn vijanden verlost.

24. **Psalm 18:31-34** Gods weg is volmaakt, het woord van de HEER is zuiver, een schild is Hij voor allen die bij Hem schuilen. 32 Wie anders is God dan de HEER, wie anders een rots dan onze God? 33 De God die mij met kracht omgordt, leidt mij op een volmaakte weg, 34 Hij geeft mij voeten snel als hinden, doet mij op toppen van bergen staan

25. **Jesaja 45:21-22** Kom hier, overleg met elkaar en vertel: Wie heeft dit van meet af aan laten horen, wie heeft het lang tevoren aangekondigd? Was Ik dat niet, de HEER? Buiten Mij is er geen god. Alleen Ik ben een rechtvaardige God, alleen Ik breng redding. 22 Keer terug naar Mij en laat je redden, ook jullie aan de einden der aarde; want Ik ben God, er is geen ander.

26. **Psalm 116:2** Hij luistert naar mij, ik roep Hem aan, mijn leven lang.

27. **1 Johannes 5:14** Wij kunnen ons vol vertrouwen tot God wenden, in de zekerheid dat Hij naar ons luistert als we Hem iets vragen dat in overeenstemming is met zijn wil

28. **Mattheüs 26:39** Hij liep nog een stukje verder, liet zich voorover vallen op de grond en bad: 'Vader, als het mogelijk is,

laat deze beker dan aan Mij voorbijgaan! Maar laat het niet gebeuren zoals Ik het wil, maar zoals U het wilt.'

29. **Deuteronomium 10:21** Zing zijn lof, Hij is uw God! U hebt met eigen ogen gezien welke grootse, indrukwekkende daden Hij voor u heeft verricht

30. **1 Johannes 4:8** Wie niet liefheeft kent God niet, want God is liefde.

31. **1 Korintiërs 13:4-6-7** De liefde is geduldig en vol goedheid. De liefde kent geen afgunst, geen ijdel vertoon en geen zelfgenoegzaamheid. 5 Ze is niet grof en niet zelfzuchtig, ze laat zich niet boos maken en rekent het kwaad niet aan, 6 ze verheugt zich niet over het onrecht maar vindt vreugde in de waarheid. 7 Alles verdraagt ze, alles gelooft ze, alles hoopt ze, in alles volhardt ze.

32. **Psalm 31:24** Getrouwen van de HEER, heb Hem lief. HEER behoedt de standvastigen, voorgoed rekent Hij af met de hoogmoedigen.

33. **Psalm 145:20** De HEER waakt over wie Hem liefhebben, maar goddelozen vaagt Hij weg.

34. **Psalm 22:29** Want het koningschap is aan de HEER, Hij heerst over de volken.

35. **Jesaja 55:8-9** Mijn plannen zijn niet jullie plannen, en jullie wegen zijn niet mijn wegen – spreekt de HEER. 9 Want zo hoog als de hemel is boven de aarde, zo ver gaan mijn wegen jullie wegen te boven, en mijn plannen jullie plannen.

36. **Deuteronomium 7:9** Besef dus goed: alleen de HEER, uw God, is God en Hij houdt woord; Hij komt zijn beloften na en is trouw aan ieder die Hem liefheeft en die doet wat Hij gebiedt, tot in het duizendste geslacht.

37. **Deuteronomium 7:12** Wanneer u zich gehoorzaam houdt aan deze voorschriften zal de HEER, uw God, zich van zijn kant houden aan wat Hij in zijn goedheid uw voorouders onder ede heeft beloofd.

38. **Deuteronomium 10:12-13** Israël, bedenk dus dat de HEER, uw God, niets anders van u vraagt dan dat u ontzag voor Hem toont, dat u de weg volgt die Hij u wijst, dat u Hem liefhebt, Hem met hart en ziel dient 13 en zijn geboden en wetten, die ik u vandaag voorhoud, naleeft; dan zal het u goed gaan

39. **Deuteronomium 11:1** Heb daarom de HEER, uw God, lief en houd u aan uw verplichtingen tegenover Hem. Leef zijn wetten, regels en geboden elke dag na.

40. **Deuteronomium 11:22** Wanneer u alle geboden die ik u geef zorgvuldig naleeft, en u de HEER, uw God, liefhebt, Hem bent toegedaan en de weg volgt die Hij wijst

41. **Psalm 25:4-15** Maak mij, HEER, met uw wegen vertrouwd, leer mij uw paden te gaan. 5 Wijs mij de weg van uw waarheid en onderricht mij, want U bent de God die mij redt, op U blijf ik hopen, elke dag weer. 6 Denk aan uw barmhartigheid, HEER, aan uw liefde door de eeuwen heen. 7 Denk niet aan de zonden uit mijn jeugd, maar denk met liefde aan mij, HEER, omwille van uw goedheid. 8 Goed en rechtvaardig is de HEER: Hij wijst zondaars de weg, 9 wie nederig zijn leidt Hij in het rechte spoor, Hij leert hun zijn paden te gaan. 10 Liefde en trouw zijn de weg van de HEER voor wie de wetten van zijn verbond onderhouden. 11 Vergeef mij, HEER, mijn grote schuld, omwille van uw naam. 12 Aan wie in ontzag voor Hem leven, leert de HEER de rechte weg te kiezen. 13 Hun leven verloopt in voorspoed en hun kinderen zullen het land bezitten. 14 De HEER is een vriend van wie Hem

vrezen, Hij maakt hen vertrouwd met zijn verbond. 15   Ik houd mijn oog gericht op de HEER, Hij bevrijdt mijn voeten uit het net.

42.   **Psalm 116:5** De HEER is genadig en rechtvaardig, onze God is een God van ontferming

43.   **Jona 4:2b** Ik wist het wel: U bent een God die genadig is en liefdevol, geduldig en trouw, en bereid het onheil af te wenden.

44.   **1 Johannes 1:6** Als we zeggen dat we met Hem verbonden zijn terwijl we onze weg in het duister gaan, liegen we en leven we niet volgens de waarheid.

45.   **Efeziërs 1:5** Hij heeft ons naar zijn wil en verlangen voorbestemd om door Jezus Christus zijn kinderen te worden

46.   **Filippenzen 2:13** want het is God die zowel het willen als het handelen bij u teweegbrengt, omdat het Hem behaagt.

HOOFDSTUK 7
-WIE IS JEZUS?-

De naam Jezus betekent letterlijk "Redder". Jezus is Zijn Griekse naam, maar is van Hebreeuwse oorsprong, afgeleid van de naam Yehoshua, of Joshua, wat betekent "Jehovah redt". Jezus kwam uit de hemel, werd mens en leefde onder de mensheid. Zijn doel was om mensen met God te verzoenen, omdat ze van Hem gescheiden waren door de zonde (Johannes 3:16-17[1]).

Een ander Hebreeuws oerwoord voor Jezus is Yasha, wat betekent "redden, bevrijden, verdedigen, bevrijden, behouden of de overwinning behalen". Verlossing, een geschenk van God om gered te worden van onze zonden. Het is beschikbaar voor iedereen. Jezus is echter een persoonlijke Redder, en dit betekent dat we bewust moeten kiezen voor een relatie met Hem. Alleen degenen die op Hem vertrouwen en van Hem houden, zullen worden verlost van zonde en hel, en eeuwig leven krijgen. Als je deze verbintenis met Jezus aangaat, zul je ontdekken dat Hij ons werkelijk redt, bevrijdt, verdedigt, verlost, bewaart en ons de overwinning geeft!

Jezus wordt ook Christus genoemd, wat "Uitverkorene" of "Gezalfde" betekent. Dit is het equivalent van de Hebreeuwse naam Messias. Jezus wordt ook Heer genoemd. De met hoofdletter geschreven naam Heer in het Oude Testament wordt ook vertaald als "Jehovah", wat Gods naam is. Het betekent Eeuwig of Zelfbestaand, wat aangeeft dat Hij niet geschapen is.

Als Jezus Heer wordt genoemd in het Nieuwe Testament, is het woord "kurios", wat Opperste God, Meester of Heer betekent. Namen zijn buitengewoon belangrijk in de Bijbel, dus het is erg belangrijk dat God en Jezus dezelfde naam hebben. Deze gedeelde namen zijn duidelijke indicatoren dat Jezus en God dezelfde status hebben - ze zijn allebei God.

Dit brengt een heel belangrijk punt aan het licht. In de Joodse cultuur en religie was Jehovah (Vader) God zo heilig - zo ver verwijderd van de mensheid vanwege Zijn grote macht en autoriteit - dat de Joden bang waren om zelfs maar rechtstreeks met Hem te spreken (Exodus 20:18-19[2]). Sterker nog, ze ontwikkelden later een traditie waarin ze Zijn naam niet eens noemden. Ze schreven Jehovah als "JHWH" omdat ze het respectloos vonden om Zijn volledige naam te gebruiken. Dit is niet een gebod in de Schrift, maar het laat zien hoe ontzagwekkend ze God zagen.

Bovendien geloofden de Israëlieten dat de woorden die aan God werden toegeschreven - Zijn namen - niet voor een andere persoon, doel of ding gebruikt mochten worden, behalve voor God. Bijvoorbeeld, toen Hij werd aangeduid als "Almachtige God", onthielden de Joden zich ervan om iets anders 'almachtig' te noemen. Dus... om JEZUS dezelfde namen toe te schrijven als Almachtige God was in hun ogen godslastering. Blasfemie is een Bijbelse term die betekent "verbaal belasteren of verachten" (God). God belasteren of haten was ondenkbaar, en het was de doodstraf waard (Leviticus 24:13-16[3])!

Jezus is God

De Heilige Schrift leert ons dat Jezus God IS - in het vlees (Johannes 1:1[4]). In deze tekst wordt Jezus "Het Woord" genoemd, wat werd begrepen als "De Bewerker van de Schepping". Het Woord werd ook beschreven als "De Architect van de Schepping". Natuurlijk kan alleen God leven scheppen en in stand houden. Deze waarheid over Jezus wordt herhaald in 1 Johannes 1:1[5], waar Hij ook "Het Woord des Levens" wordt genoemd. In feite vertelt Jezus Zelf ons dat Hij in staat is om eeuwig leven te geven, en dat de Vader en Hij Eén zijn (Johannes 10:28-30[6]).

Dit is de fundamentele (essentiële of basis) waarheid die het Christendom onderscheidt van ALLE religies. De meeste religies over de hele wereld geloven dat Jezus een "goed mens" of een "profeet" was, maar als je ze zorgvuldig ondervraagt, zul je zien dat ze ontkennen dat Jezus de Schepper en de Poort naar het Eeuwige Leven is.

Er zijn mensen die beweren Christen te zijn, maar de kern is dit: Geloven zij werkelijk in de Godheid - de Goddelijkheid - van Jezus Christus? Dit moet vaststaan voordat iemand een echte christen wordt, omdat het de absolute en fundamentele waarheid is waarop het ware Christendom is gebaseerd (Johannes 1:18[7]).

Bedenk in onze vorige studies over "Zonde" en "Berouw", dat God Zijn woede tegen zonde had kunnen beheersen. Een mens zonder een Goddelijke natuur zou zijn vernietigd. Toen Jezus naar het kruis ging, onderging Hij al Gods toorn voor de zonden van de wereld!

Bovendien vereiste God in het Oude Testament een volmaakt lam of stier voor het bloedoffer voor de zonden van de mensen. Daarom was Jezus, als ons bloedoffer, verplicht om volmaakt te zijn. Dus als Hij zonde in Zijn leven had, zou Hij zijn gediskwalificeerd - Hij zou onvolmaakt zijn geweest en kon daarom niet het Offer zijn dat voor onze zonden vereist was. Daarom kwam God zelf, in de persoon van Jezus Christus op aarde om de zondebarrière te vernietigen die de mens van God scheidde (2 Korintiërs 5:21[8]). Het kan niet genoeg benadrukt worden hoe essentieel het is om te geloven in de goddelijke en menselijke natuur van Jezus.

De Bijbel vertelt ons dat God alles wat Hij deed aan Jezus openbaarde (Johannes 5:20-23[9]). Een gewoon mens zou niet in staat zijn om met dat soort informatie om te gaan! We lezen opnieuw in deze passage dat Jezus in staat is om leven te geven (vs. 21), wat alleen God kan doen. Jezus krijgt ook alle autoriteit om te oordelen. Alleen God is oppermachtig om de mens te oordelen (vs. 22). Bovendien lezen we dat Jezus dezelfde eer zal krijgen als de Vader (vs. 23), wat hen gelijk maakt in majesteit.

Bovendien, een andere naam voor Jezus is Immanuel, wat betekent "God met ons". De Joden zouden nooit iemand dit soort eer geven, behalve God Zelf. De religieuze leiders waren woedend omdat Jezus Zichzelf duidelijk gelijk stelde aan God de Vader (Marcus 14:60-65[10]). Ze wilden dat Hij gekruisigd werd wegens godslastering (Johannes 10:31-33[11])!

Denk er eens over na – als Hij gewoon een gek was, zouden ze Hem hebben genegeerd. Maar ze waren doodsbang voor Zijn macht en autoriteit! In feite getuigt de zin die Hij gebruikt om Zichzelf te beschrijven in de passage die we net lazen - IK BEN - van Zijn Goddelijkheid.

Wanneer Jezus zegt "IK BEN", verwijst Hij terug naar het Oude Testament. God instrueerde Mozes om de Israëlieten te vertellen dat "IK BEN" jullie heeft gezonden (d.w.z. GOD ZELF heeft jullie gezonden) (Exodus 3:12-15[12]). Dit Schriftgedeelte zegt ook "Vertel hun dat Jahweh jullie heeft gezonden". Jahweh wordt vertaald als "De Heer", of "Jehovah". Jezus paste deze passage toe op ZICHZELF! Bovendien had Jezus zelfs de moed om te zeggen dat Hij bestond vóór Abraham, die 2000 jaar leefde voordat Jezus zelfs maar werd geboren (Johannes 8:58-59[13])!

Jezus gebruikte deze "IK BEN"-zin voortdurend om Zichzelf te beschrijven: IK BEN het Brood des Levens (Johannes 6:35[14]). IK BEN het Licht van de Wereld (Johannes 8:12[15]). IK BEN de Poort (Johannes 10:7-9[16]). IK BEN de Goede Herder (Johannes 10:11[17]). IK BEN de Ware Wijnstok (Johannes 15:1[18]). De woorden IK BEN, die in deze contexten worden gebruikt, zijn niet zomaar onze gewone woorden voor zoals bijvoorbeeld "Ik ben hongerig". Vertaald uit het Hebreeuws en het Grieks, zitten deze woorden vol goddelijke kracht - zo dynamisch dat ze er letterlijk voor zorgden dat mensen op de grond vielen (Johannes 18:4-6[19])!

Het is verbazingwekkend dat er meer dan 300 profetieën over Jezus in het Oude Testament (bijvoorbeeld Jesaja 9:5[20]; Jesaja 11:1-5[21]; Jesaja 53[22]; Micha 5:1-3[23]) voorkomen.

U kunt deze profetieën (in de Engelse taal) zelf bekijken op: accordingtothescriptures.org/prophecy/353prophecies.html.

Vergeet niet dat deze geschriften ergens tussen de 400 en 2000 jaar voordat Jezus als mens op aarde kwam, zijn geschreven! En aangezien de meeste van deze profetieën al met 100% nauwkeurigheid zijn uitgekomen (sommige ervan moeten nog in de toekomst worden vervuld), weten we dat we de Bijbel kunnen vertrouwen als de solide Waarheid van God.

Jezus is het waard

De Bijbel vertelt ons dat "In Jezus woont de volheid van God in menselijke vorm (Colossenzen 2:9-10[24]). Denk daar eens over na. God, in al Zijn macht en pracht, leefde IN Jezus! Als Jezus niet Goddelijk was, zou Hij dat gewicht en die verantwoordelijkheid niet kunnen dragen. Deze tekst zegt ook dat Hij als God ver boven alle heersers en autoriteiten staat (Colossenzen vs 10).

Jezus is de Levende God en Redder (1 Timotheüs 4:10[25]; 2 Petrus 1:1[26]). Het is opmerkelijk dat zowel God de Vader als Jezus Redder worden genoemd (Jesaja 43:11[27]; Titus 2:13-14[28]). Ze worden allebei "De Rots" genoemd (1 Samuël 2:2[29]; 1 Petrus 2:5-8[30]). Dit vers in 1 Petrus verwijst eigenlijk naar Jesaja 8:14[31], wanneer het over God de Vader gaat. Maar Paulus verwijst naar de Rots van het Oude Testament als Christus in 1 Korintiërs 10:3-4[32]!

We zien de schoonheid en pracht van Jezus Christus als de Aller-hoogste God in Kolossenzen 1:15-20[33]. Jezus is de Koning der koningen en Heer der heren (1 Timotheüs 6:15[34]). In feite verwijst God de Vader letterlijk naar Zijn Zoon Jezus als God (Hebreeën 1:6-12[35]). De Bijbel vertelt ons dat "Jezus altijd dezelfde is en voor eeuwig zal leven", en beweert dat Hij Eeuwig is en geen geschapen wezen was; Hij kwam rechtstreeks uit de hemel (1 Korintiërs 15:47[36]).

Jezus is voor altijd onze Grote Hogepriester (Hebreeën 7:24-28[37]). De Hogepriester in het Oude Testament was een bemiddelaar - de "tussenpersoon" van mens naar God. Jezus IS die persoon nu. Nogmaals, een van de diepe waarheden en mysteries van het Evangelie is dat Jezus volledig mens is, maar Hij is ook volledig God. Als God bezit Hij macht en gezag over het universum; als mens is Hij in staat om "onze zaak te bepleiten" voor God (Romeinen 8:34[38]).

De vorige passage in Hebreeën 7 vertelt ons ook dat Jezus heilig en onberispelijk is, onbevlekt door zonde. Alleen God is zo puur! God de Vader koos Jezus lang voordat de aarde zelfs maar geschapen was om ons offer te zijn, zodat wij eeuwig leven konden ontvangen (1 Petrus 1:18-20[39]). Hij is onze zondeloze Verlosser, onze Genezer en de Beschermer van onze zielen (1 Petrus 2:22-25[40]; 1 Johannes 3:5[41]). In Zijn volmaakte Majesteit zal elke knie op aarde zich uiteindelijk voor Hem buigen. Het is onze keuze of we onze knie voor Hem zullen buigen in angst of in liefde (Filippenzen 2:6-11[42]).

Terwijl Jezus onze Liefdevolle Redder is, het Zachtmoedige Lam en de Lijdende Dienaar, is Hij tegelijkertijd de Almachtige Rechter (2 Korintiërs 5:10[43]) en Heerser over alles. Hij is eeuwige lof waardig - en alleen God is deze vurige en eeuwige lof waardig (Romeinen 9:5b[44]). Jezus is ook de eerste die uit de dood opstond met een verheerlijkt geestelijk lichaam (Openbaring 1:5[45]).

Hij staat ver boven elke leider of macht, alle dingen zijn aan Zijn gezag onderworpen (Efeziërs 1:21[46]). Hij is de bevelhebber van alle heersers van de wereld, en Hij zal het kwaad eens en voor altijd overmeesteren aan het einde der tijden (Openbaring 19:11-16[47]). Geen enkele andere persoon, religie of ideologie in deze wereld kan met Hem vergeleken worden!

Daarom is Jezus de enige weg naar de hemel
(Johannes 14:6-9b[48]).

 *Prijs de Hoge en Machtige*
Naam van Jezus!!

HOOFDSTUK 7
-BIJBELVERZEN-

1. **Johannes 3:16-17** Want God had de wereld zo lief dat Hij zijn enige Zoon heeft gegeven, opdat iedereen die in Hem gelooft niet verloren gaat, maar eeuwig leven heeft. 17 God heeft zijn Zoon niet naar de wereld gestuurd om een oordeel over haar te vellen, maar om de wereld door Hem te redden.

2. **Exodus 20:18-19** Heel het volk was getuige van de donder-slagen en lichtflitsen, het schallen van de ramshoorn en de rook die uit de berg kwam. Bij die aanblik deinsden ze ach-teruit, en ze bleven op een afstand staan. 19 Ze zeiden tegen Mozes: 'Spreekt u met ons, wij zullen naar u luisteren. Maar laat God niet met ons spreken, want dan sterven we

3. **Leviticus 24:13-16** En de HEER zei tegen Mozes: 14 'Breng degene die gevloekt heeft buiten het kamp. Allen die het gehoord hebben, moeten hun hand op zijn hoofd leggen en hij moet door de voltallige gemeenschap gestenigd wor-den. 15 En tegen de Israëlieten moet je zeggen: "Wie zijn God vervloekt, zal de gevolgen van zijn zonde dragen. 16 Wie de naam van de HEER lastert moet ter dood gebracht worden, die moet door de voltallige gemeenschap worden gestenigd. Of het nu een vreemdeling is of een geboren Israëliet, wie mijn naam lastert moet ter dood gebracht worden.

4. **Johannes 1:1** In het begin was het Woord, het Woord was bij God en het Woord was God.

5. **1 Johannes 1:1** Wat er was vanaf het begin, wat wij gehoord hebben, wat wij met eigen ogen gezien en aanschouwd hebben, wat onze handen hebben aangeraakt, dat verkondigen wij: het Woord dat leven is.

6. **Johannes 10:28-30** Ik geef ze eeuwig leven: ze zullen nooit verloren gaan en niemand zal ze uit mijn hand roven. 29 Wat mijn Vader Mij gegeven heeft gaat alles te boven, niemand kan het uit de hand van mijn Vader roven, 30 en de Vader en Ik zijn één.'

7. **Johannes 1:18** Niemand heeft ooit God gezien, maar de enige Zoon, die zelf God is, die aan het hart van de Vader rust, heeft Hem doen kennen.

8. **2 Korintiërs 5:21** Ter wille van ons heeft God Hem die de zonde niet kende één gemaakt met de zonde, zodat wij in Hem rechtvaardig voor God konden worden.

9. **Johannes 5:20-23** De Vader heeft de Zoon immers lief en laat Hem alles zien wat Hij doet. Hij zal Hem nog grotere dingen laten zien, u zult verbaasd staan! 21 Want zoals de Vader doden opwekt en levend maakt, zo maakt ook de Zoon levend wie Hij wil. 22 De Vader zelf velt over niemand een oordeel, maar Hij heeft het oordeel geheel aan de Zoon toevertrouwd. 23 Dan zal iedereen de Zoon eer betuigen zoals men de Vader eert. Wie de Zoon niet eert, eert ook de Vader niet, die Hem gezonden heeft.

10. **Marcus 14:60-65** De hogepriester stond op en vroeg Jezus: 'Waarom antwoordt U niet? U hoort toch wat deze getuigen over U zeggen?' 61 Maar Hij bleef zwijgen en antwoordde niet. Toen vroeg de hogepriester Hem: 'Bent U de messias, de Zoon van de Gezegende?' 62 Jezus zei: 'Dat ben Ik, en u zult de Mensenzoon zien zitten aan de rechterhand van de Machtige en Hem zien komen met de wolken van de hemel.' 63 De

hogepriester scheurde zijn kleren en zei: 'Waarvoor hebben we nog getuigen nodig? 64 U hebt de godslastering gehoord; wat is uw oordeel?' Allen oordeelden dat Hij schuldig was en de doodstraf verdiende. 65 Toen begonnen sommigen Hem te bespuwen; ze blinddoekten Hem en sloegen Hem en zeiden: 'Profeteer nu maar!', en ook de dienaren gaven Hem vuistslagen.

11. **Johannes 10:31-33** Toen de Joden weer stenen opraapten omdat ze Hem wilden stenigen, 32 zei Jezus: 'Ik heb door de Vader veel goeds voor u gedaan; om welke goede daad wilt u Me stenigen?' 33 'Voor een goede daad zullen we U niet stenigen,' antwoordden ze, 'maar wel voor godslastering: U bent een mens, maar U beweert dat U God bent!'

12. **Exodus 3:12-15** God antwoordde: 'Ik zal bij je zijn. En dit zal voor jou het teken zijn dat Ik je heb gestuurd: als je het volk uit Egypte hebt weggeleid, zullen jullie God bij deze berg vereren.' 13 Maar Mozes zei: 'Stel dat ik naar de Israëlieten ga en tegen hen zeg dat de God van hun voorouders mij gestuurd heeft, en ze vragen: "Wat is de naam van die God?" Wat moet ik dan zeggen?' 14 Toen antwoordde God hem: 'Ik ben die er zijn zal. Zeg daarom tegen de Israëlieten: "IK ZAL ER ZIJN heeft mij naar u toe gestuurd."' 15 Ook zei Hij tegen Mozes: 'Zeg tegen hen: "De HEER heeft mij gestuurd, de God van uw voorouders, de God van Abraham, de God van Isaak en de God van Jakob. En Hij heeft gezegd: 'Zo wil Ik voor altijd heten, met die naam wil Ik worden aangeroepen door alle komende generaties.'"

13. **Johannes 8:58-59** 'Werkelijk, Ik verzeker u,' antwoordde Jezus, 'Ik ben van voor de tijd dat Abraham er was.' 59 Toen raapten ze stenen op om naar Hem te gooien. Maar Jezus wist onopgemerkt uit de tempel te ontkomen.

14. **Johannes 6:35** 'Ik ben het brood dat leven geeft,' zei Jezus. 'Wie bij Mij komt zal geen honger meer hebben, en wie in Mij gelooft zal nooit meer dorst hebben.'

15. **Johannes 8:12** Jezus nam opnieuw het woord. Hij zei: 'Ik ben het licht voor de wereld. Wie Mij volgt loopt nooit meer in de duisternis, maar heeft licht dat leven geeft.'

16. **Johannes 10:7-9** Daarom vervolgde Hij: 'Werkelijk, Ik verzeker u, Ik ben de deur voor de schapen. 8 Zij die vóór Mij kwamen waren allemaal dieven en rovers, maar naar hen hebben de schapen niet geluisterd. 9 Ik ben de deur: wanneer iemand door Mij binnenkomt zal hij gered worden; hij zal in en uit lopen, en hij zal weidegrond vinden.

17. **Johannes 10:11** Ik ben de goede herder. Een goede herder is bereid zijn leven te geven voor de schapen.

18. **Johannes 15:1** Ik ben de ware wijnstok en mijn Vader is de wijnbouwer

19. **Johannes 18:4-6** Jezus wist precies wat er met Hem zou gebeuren. Hij liep naar hen toe en vroeg: 'Wie zoeken jullie?' 5 Ze antwoordden: 'Jezus van Nazaret.' 'Ik ben het,' zei Jezus, terwijl Judas, die Hem kwam uitleveren, erbij stond. 6 Toen Hij zei: 'Ik ben het,' deinsden ze achteruit en vielen op de grond.

20. **Jesaja 9:5** Een kind is ons geboren, een zoon is ons gegeven; de heerschappij rust op zijn schouders. Deze namen zal hij dragen: Wonderbare raadsman, Sterke God, Eeuwige vader, Vredevorst.

21. **Jesaja 11:1-5** Maar uit de stronk van Isaï schiet een telg op, een scheut van zijn wortels komt tot bloei. 2 De geest van de HEER zal op hem rusten: een geest van wijsheid en in-

zicht, een geest van kracht en verstandig beleid, een geest van kennis en ontzag voor de HEER. 3 Hij ademt ontzag voor de HEER; zijn oordeel stoelt niet op uiterlijke schijn, noch grondt hij zijn vonnis op geruchten. 4 Over de zwakken velt hij een rechtvaardig oordeel, de armen in het land geeft hij een eerlijk vonnis. Hij tuchtigt de aarde met de gesel van zijn mond, met de adem van zijn lippen doodt hij de schuldigen. 5 Hij draagt gerechtigheid als een gordel om zijn lendenen en trouw als een gordel om zijn heupen.

22. **Jesaja 53** Wie kan geloven wat wij hebben gehoord? Aan wie is de macht van de HEER geopenbaard? 2 Als een loot schoot hij op onder Gods ogen, als een scheut uit dorre grond. Onopvallend was zijn uiterlijk, hij miste iedere schoonheid, zijn aanblik kon ons niet bekoren. 3 Hij werd veracht, door mensen gemeden, hij was een man die het lijden kende en met ziekte vertrouwd was, een man die zijn gelaat voor ons verborg en door ons werd verguisd en geminacht. 4 Maar hij was het die onze ziekten droeg, die ons lijden op zich nam. Wij echter zagen hem als een verstoteling, door God geslagen en vernederd. 5 Om onze zonden werd hij doorboord, om onze wandaden gebroken. De straf die hij onderging bracht ons vrede, zijn striemen gaven ons genezing. 6 Wij dwaalden rond als schapen, ieder zocht zijn eigen weg; maar de wandaden van ons allen liet de HEER op hem neerkomen. 7 Hij werd mishandeld, maar verzette zich niet en deed zijn mond niet open. Als een schaap dat naar de slacht wordt geleid, als een ooi die stil is bij haar scheerders deed hij zijn mond niet open. 8 Door een onrechtvaardig vonnis werd hij weggenomen. Wie van zijn tijdgenoten heeft er oog voor gehad? Hij werd verbannen uit het land der levenden, om de zonden van mijn volk werd hij geslagen. 9 Hij kreeg een graf bij mis-

dadigers, zijn laatste rustplaats was bij de rijken; toch had hij nooit enig onrecht begaan, nooit bedrieglijke taal gesproken. 10 Maar de HEER wilde hem breken, Hij maakte hem ziek. Hij offerde zijn leven voor de schuld van anderen, om zijn nageslacht te zien en lang te leven. En door zijn toedoen slaagde wat de HEER wilde. 11 Na het lijden dat hij moest doorstaan, zag hij het licht en werd met kennis verzadigd. Mijn rechtvaardige dienaar verschaft velen recht, hij neemt hun wandaden op zich. 12 Daarom ken Ik hem een plaats toe onder velen en zal hij met machtigen delen in de buit, omdat hij zijn leven prijsgaf aan de dood en zich tot de zondaars liet rekenen. Hij droeg echter de schuld van velen en nam het voor zondaars op.

23. **Micha 5:1-3** Uit jou, Betlehem in Efrata, te klein om tot Juda's geslachten te behoren, uit jou komt iemand voort die voor Mij over Israël zal heersen. Zijn oorsprong ligt in lang vervlogen tijden, in de dagen van weleer. 2 Totdat de vrouw die zwanger is haar kind heeft gebaard, worden zijn broeders aan hun lot overgelaten. Daarna zullen wie er nog over zijn terugkeren naar de andere Israëlieten. 3 Hij zal aantreden en hen als een herder weiden, bekleed met de macht van de HEER, zijn God, met de majesteit van diens verheven naam. Zij zullen veilig wonen, want hij zal heersen tot aan de einden der aarde,

24. **Colossenzen 2:9-10** Want in Hem is heel de goddelijke volheid lichamelijk aanwezig, 10 en in uw eenheid met Hem, het hoofd van alle machten en krachten, bent u van die volheid vervuld.

25. **1 Timotheüs 4:10** Hiervoor zwoegen en strijden wij, omdat wij onze hoop gevestigd hebben op de levende God, die de redder is van alle mensen, bovenal van de gelovigen.

26. **2 Petrus 1:1** Van Simeon Petrus, dienaar en apostel van Jezus Christus. Aan allen die dankzij de rechtvaardigheid van onze God en redder Jezus Christus hetzelfde kostbare geloof hebben ontvangen als wij.

27. **Jesaja 43:11** Ik, Ik ben de HEER! Buiten Mij is er niemand die redt.

28. **Titus 2:13-14** In afwachting van het geluk waarop wij hopen: de verschijning van de majesteit van onze grote God en redder Jezus Christus. 14 Hij heeft zichzelf voor ons gegeven om ons van alle zonde vrij te kopen, ons te reinigen en ons tot zijn volk te maken, dat zich volledig inzet om het goede te doen.

29. **1 Samuël 2:2** Geen is er heilig als de HEER, er is geen andere god dan U, geen rots is er als onze God.

30. **1 Petrus 2:5-8** en laat u ook zelf als levende stenen gebruiken voor de bouw van een geestelijke tempel. Vorm een heilige priesterschap om geestelijke offers te brengen die God, dankzij Jezus Christus, welgevallig zijn. 6 In de Schrift staat immers: 'In Sion leg Ik een hoeksteen die Ik heb uitgekozen om zijn kostbaarheid; wie daarop vertrouwt, komt niet bedrogen uit.' 7 Kostbaar is hij voor u, die erop vertrouwt. Voor wie er niet op vertrouwen geldt echter: 'De steen die de bouwers afkeurden is de hoeksteen geworden.' 8 En: 'Het is een steen waarover men struikelt, een rotsblok waaraan men zich stoot.' Zij struikelen omdat ze weigeren Gods woord te gehoorzamen, daartoe zijn ze bestemd.

31. **Jesaja 8:14** Hij zal een heiligdom zijn, maar ook de steen waaraan men zich stoot, de rots waarover de twee koningshuizen van Israël struikelen, de valstrik en het net waarin de inwoners van Jeruzalem verstrikt raken.

32. **1 Korintiërs 10:3-4** En ze aten allemaal hetzelfde geestelijke voedsel 4 en dronken allemaal dezelfde geestelijke drank. Ze dronken uit de geestelijke rots die hen volgde – en die rots was Christus.

33. **Kolossenzen 1:15-20** Beeld van God, de onzichtbare, is Hij, eerstgeborene van heel de schepping: 16 in Hem is alles geschapen, alles in de hemel en alles op aarde, het zichtbare en het onzichtbare, vorsten en heersers, machten en krachten, alles is door Hem en voor Hem geschapen. 17 Hij bestaat vóór alles en alles bestaat in Hem. 18 Hij is het hoofd van het lichaam, de kerk. Oorsprong is Hij, eerstgeborene uit de dood, om in alles de eerste te zijn: 19 in Hem heeft heel de volheid willen wonen 20 en door Hem en voor Hem alles met zich willen verzoenen, alles op aarde en alles in de hemel, door vrede te brengen met zijn bloed aan het kruis.

34. **1 Timotheüs 6:15** op de dag die is vastgesteld door de gelukzalige en enige heerser, de hoogste Heer en koning.

35. **Hebreeën 1:6-12** En verder zegt Hij als Hij de eerstgeborene de wereld binnenleidt: 'Laten al Gods engelen Hem aanbidden.' 7 Over de engelen zegt God: 'Hij maakt zijn engelen tot windvlagen, en zijn dienaren tot een vlammend vuur.' 8 Maar tegen de Zoon zegt Hij: 'God, uw troon houdt stand tot in alle eeuwigheid, en de scepter van het recht is de scepter van uw koningschap. 9 Gerechtigheid hebt U liefgehad en onrecht gehaat; daarom, God, heeft uw God U gezalfd met vreugdeolie, als enige uit uw kring.' 10 En ook: 'In het begin hebt U, Heer, de aarde gegrondvest, en de hemel is het werk van uw handen. 11 Zij zullen vergaan, maar U houdt stand, ze zullen als een gewaad verslijten, 12 als een mantel zult U ze oprollen, als een gewaad zullen ze worden verwisseld; maar U blijft dezelfde, en uw jaren zullen geen einde nemen.'

36. **1 Korintiërs 15:47** De eerste mens kwam voort uit het stof, uit de aarde, de tweede mens is hemels.

37. **Hebreeën 7:24-28** maar omdat Hij blijft tot in eeuwigheid, is ook zijn priesterschap eeuwig. 25 Zo kan Hij allen die God door Hem naderen volkomen redden, omdat Hij voor altijd leeft en zo voor hen kan pleiten. 26 Een hogepriester als Hij hadden we ook nodig, iemand die heilig, schuldeloos en zuiver is, van de zondaars afgescheiden en ver boven de hemelsferen verheven. 27 Hij hoeft niet, zoals de andere hogepriesters, elke dag eerst offers op te dragen voor zijn eigen zonden en dan voor die van het volk; dat heeft Hij immers voor eens en altijd gedaan toen Hij zichzelf offerde. 28 De wet stelt mensen aan als hogepriester, en mensen zijn behept met zwakheid, maar met de bekrachtiging onder ede die later werd uitgesproken dan de wet, is de Zoon aangesteld, die voor altijd de volmaaktheid heeft bereikt.

38. **Romeinen 8:34** Wie zal hen veroordelen? Christus Jezus, die gestorven is, meer nog, die is opgewekt, zit aan de rechterhand van God en pleit voor ons

39. **1 Petrus 1:18-20** U weet immers dat u niet met zoiets vergankelijks als zilver of goud bent vrijgekocht uit het zinloze leven dat u van uw voorouders had geërfd, 19 maar met het kostbare bloed van Christus, als dat van een lam zonder smet of gebrek. 20 Al voor de grondvesting van de wereld is Hij door God uitgekozen, en nu, aan het einde van de tijd, is Hij verschenen omwille van u

40. **1 Petrus 2:22-25** die geen enkele zonde beging en nooit bedrieglijke taal sprak. 23 Hij werd gehoond en hoonde zelf niet, Hij leed en dreigde niet, Hij liet het oordeel over aan Hem die rechtvaardig oordeelt. 24 Hij heeft onze zonden ge-

dragen met zijn lichaam aan het kruishout, opdat wij, dood voor de zonde, rechtvaardig zouden leven. Door zijn striemen bent u genezen. 25 Eens dwaalde u als schapen, nu bent u naar uw herder teruggekeerd, naar Hem die uw ziel behoedt. .

41. **1 Johannes 3:5** U weet dat Jezus verschenen is om de zonden weg te nemen; er is in Hem geen zonde.

42. **Filippenzen 2:6-11** Hij, die de gestalte van God had, maakte er geen aanspraak op aan God gelijk te zijn, 7 maar deed afstand van zijn positie en nam de gestalte aan van een dienaar. Hij werd gelijk aan de mensen, en als mens verschenen 8 heeft Hij zich vernederd en werd gehoorzaam tot in de dood – de dood aan het kruis. 9 Daarom heeft God Hem hoog verheven en Hem de naam geschonken die elke naam te boven gaat, 10 opdat in de naam van Jezus elke knie zich zal buigen, in de hemel, op de aarde en onder de aarde, 11 en elke tong zal belijden: 'Jezus Christus is Heer,' tot eer van God, de Vader.

43. **2 Korintiërs 5:10** Want wij moeten allen voor de rechterstoel van Christus verschijnen, zodat ieder van ons krijgt wat hij verdient voor wat hij in zijn leven heeft gedaan, of het nu goed is of slecht.

44. **Romeinen 9:5b** Hij (Jezus) die God is, boven alles verheven, zij geprezen tot in eeuwigheid. Amen.

45. **Openbaring 1:5** en van Jezus Christus, de betrouwbare getuige, de eerstgeborene uit de dood, de heerser over de vorsten van de aarde. Aan Hem die ons liefheeft en ons van onze zonden heeft bevrijd door zijn bloed

46. **Efeziërs 1:21** hoog boven alle hemelse vorsten en heersers (Jezus), alle machten en krachten en elke naam die genoemd

wordt, niet alleen in deze wereld maar ook in de toekomstige.

47. **Openbaring 19:11-16** Ik zag dat de hemel geopend was, en dit zag ik: een wit paard met een ruiter, die 'Trouw en betrouwbaar' heet, die een rechtvaardig vonnis velt en een rechtvaardige strijd voert. 12 Zijn ogen waren als een vlammend vuur en op zijn hoofd had Hij veel kronen. Er stond een naam op Hem geschreven die niemand kende, alleen Hijzelf. 13 Hij droeg met bloed doordrenkte kleren. Zijn naam luidde 'Woord van God'. 14 De hemelse legermacht, gekleed in zuiver, wit linnen, volgde Hem op witte paarden. 15 Uit zijn mond komt een scherp zwaard, waarmee Hij de volken zal slaan, en Hij zal hen met een ijzeren herdersstaf hoeden. Hij zal de wijnpers van de hevige woede van de almachtige God treden. 16 Op zijn kleding en op zijn dij staat de naam 'Hoogste Heer en koning'.

48. **Johannes 14:6-9b** Jezus zei: 'Ik ben de weg, de waarheid en het leven. Niemand kan bij de Vader komen dan door Mij. 7 Als jullie Mij kennen zullen jullie ook mijn Vader kennen, en vanaf nu kennen jullie Hem, want jullie hebben Hem zelf gezien.' 8 Daarop zei Filippus: 'Laat ons de Vader zien, Heer, meer verlangen we niet.' 9 Jezus zei: 'Ik ben nu al zo lang bij jullie, en nog ken je Me niet, Filippus? Wie Mij gezien heeft, heeft de Vader gezien.

HOOFDSTUK 8
-WIE IS DE HEILIGE GEEST?-

De Heilige Geest is waarschijnlijk de meest verkeerd begrepen en onbekende Persoon van de Drie-enige Godheid. In veel kerken wordt niet vaak over Hem onderwezen, dus een groot "mysterie" omringt Hem. Soms wordt de Heilige Geest verkeerd voorgesteld, dit kan het ongemakkelijk maken voor degenen die God zoeken.

Mensen schrikken vaak terug voor dingen die ze niet begrijpen, dus een natuurlijke neiging kan zijn om de Heilige Geest te negeren of te ontwijken. Maar aangezien de Schrift veel over Hem te zeggen heeft, vooral in het Nieuwe Testament, moeten we stappen ondernemen om Hem te zoeken, Hem te ontmoeten en toegang te krijgen tot Zijn kracht, zodat we een overwinnend christelijk leven kunnen leiden. De Schrift zegt dat we de Heilige Geest moeten kennen en intiem met Hem moeten zijn ALS we een vitale, succesvolle relatie met de Heer willen (Rom. 8: 5-8[1]).

Een heel belangrijk punt dat moet worden aangepakt als we beginnen met onze studie, is dat we de Heilige Geest niet onze belangrijkste focus moeten maken of Hem moeten verheffen. Sommige mensen doen dit, en ze eindigen met verschijnselen als "The Laughter Movement", waarbij mensen over de vloer rollen in de kerk. Ook heb ik mensen gezien die "luid in tongen spreken" in een vergadering, maar zonder orde of eenheid. Dit sticht God over het algemeen helemaal niet. Wanneer de Geest van God op deze manier is misbruikt, kan het mensen zelfs van Jezus afleiden.

Aan de andere kant van het spectrum staan degenen die zo bang zijn voor de Geest, dat ze Hem buitensluiten. Ze voelen misschien een klein duwtje tijdens de dienst om naar voren te lopen of even te blijven hangen na een bijzonder ontroerend lied, maar ze onderdrukken die neiging, uit angst dat hun emoties uit de hand lopen. Het trieste resultaat is dat veel kerken tegenwoordig op de automatische piloot draaien - gewoon 'kerk doen'. Het is dezelfde oude routine week na week, met weinig vreugde, vrede of echte eenheid van de Geest die plaatsvindt.

Dus laten we ontdekken wie deze prachtige persoon is

De Heilige Geest is God Zelf

We zien dat in het allereerste begin, voordat de tijd begon of de aarde werd gevormd, de Heilige Geest over het oppervlak van de wateren zweefde (Genesis 1:12[2]). In andere vertalingen wordt het woord "zweven" ook "bewegen" genoemd. Dit woord "bewegen" wordt ongeveer 74 keer in de Bijbel gebruikt, maar er is slechts één Hebreeuws woord voor deze specifieke betekenis in de hele Schrift. Het stamwoord is rachaph (uitgesproken als 'raw-coff'), wat betekent "broeden", "ontspannen zijn", "fladderen", "bewegen" of "schudden". De Bijbel vertelt ons ook dat de Heilige Geest de Mede-Schepper is van het universum, samen met de Vader en de Zoon, Jezus (Genesis 1:26[3] en Job 33:4[4]). "Ons" in dit gedeelte van Genesis is de Drie-enige Godheid die tot Zichzelf spreekt! Dit betekent dat de Heilige Geest Eeuwig is; Hij was niet alleen actief in de Schepping, maar we weten dat alleen God iets uit het niets kan scheppen. De Heilige Geest is ook in staat om leven te geven. Dat de Godheid of Goddelijkheid van de Heilige Geest beschrijft, omdat alleen God leven kan scheppen en in stand kan houden (Deuteronomium 32:39[5]; 1 Samuel 2:6[6]). We zien ook de unieke kracht van de Geest door de hele Schrift heen, zoals het opwekken van mensen uit de dood (Romeinen 8:11[7])!

Er zijn veel Bijbelse verslagen van God, Jezus en de Heilige Geest met dezelfde eigenschappen en kracht. Jezus en de Heilige Geest hebben veel identieke namen en rollen. Zelfs als de Heilige Geest medeschepper is, zien we dat dit ook geldt voor Christus (Colossenzen 1:15-20[8]). Dit bevestigt de God-status en de Eeuwigheid (de staat van geen begin en geen einde hebben) van de Vader, de Zoon en de Heilige Geest, omdat nogmaals, alleen GOD kan scheppen.

In onze vorige studies schreven we dat het toeschrijven van dezelfde macht, autoriteit en majesteit aan iemand anders dan God godslastering is. De Heilige Geest wordt in Handelingen 5:3-4[9] letterlijk "God" genoemd. Petrus vertelt Ananias dat hij tegen de Heilige Geest heeft gelogen – en in dezelfde zin zegt hij "Je hebt tegen GOD gelogen".

De Heilige Geest is een Persoon

Omdat de Heilige Geest Geest is, zien we Hem vaak niet als een Persoon. Maar in werkelijkheid kunnen we Hem op dezelfde manier visualiseren als onze Vader God, omdat Hij ook Geest is (Johannes 4:23-24[10]). We hebben misschien de neiging om ons alleen op de Vader en Jezus te richten, maar dit doet afbreuk aan een derde van de Persoon van de Drie-eenheid. En dit verzwakt ons geloof ernstig! We hebben de Heilige Geest wanhopig nodig, omdat Hij Waarheid, Troost, Leiding, Overtuiging en Kracht aan ons leven geeft. Dit is de enige manier waarop we het leven kunnen leiden waartoe Jezus ons roept.

We kunnen alleen een heilig leven leiden door de kracht van God. Dus nadat Christus onze zondeschuld had betaald en naar de hemel was opgestegen, gaf Hij Zijn Geest aan Zijn volgelingen, zodat zij de kracht, de richting, de wijsheid, de stoutmoedigheid en de kracht zouden hebben om rechtvaardig te leven.

In het Oude Testament was de Heilige Geest erg actief, maar Zijn kracht manifesteerde zich meestal alleen in bepaalde mensen, voor bepaalde tijden en gebeurtenissen. In de Joodse cultuur werd God niet gezien als een Vriend of een Vader, maar als een verre, geheel afzonderlijke, absoluut Heilige, niet-te-naderen Godheid.

In het Nieuwe Testament lezen we over de bovennatuurlijke daad van God toen Zijn Geest persoonlijk in Zijn volgelingen kwam wonen. Deze gebeurtenis werd "Pinksteren" genoemd. 'Pente', in het woord Pinksteren, is het Griekse woord voor "vijftig" en deze verbazingwekkende gebeurtenis vond vijftig dagen na Pasen plaats - wat in feite de dag was voordat Jezus werd gekruisigd (Handelingen 2:1-21[11]).

Om te bedenken dat God (de Vader) dichtbij ons zou komen, als een van ons zou leven en voor ons zou sterven (God de Zoon, Jezus), en dat Hij zelfs IN ons zou leven (God de Heilige Geest), was ondenkbaar! Wat we vandaag de dag als vanzelfsprekend beschouwen, was toen ondoorgrondelijk.

Wat echt interessant is, is dat Pinksteren oorspronkelijk een feest uit het Oude Testament was. Vijftig dagen (letterlijk 49 dagen – zeven volle weken) na Pesach vierden de Joden "Het Feest van de Oogst", ook wel "Het Feest van de Weken" genoemd. Gods volk bracht Hem hun graanoffers en prees Hem voor de oogst (Deuteronomium 16:9-10[12]).

Het Feest van de Oogst is een van de weinige feesten uit het Oude Testament die vandaag de dag nog steeds van kracht zijn, omdat de meeste oude feesten zich concentreerden op het offersysteem – het vergieten van dierlijk bloed voor de zonde – dat Jezus afschafte toen Hij het Offerlam werd dat stierf aan het kruis. Joden die vandaag de dag niet in de Heer Jezus Christus geloven voor verlossing, kunnen echter nog steeds alle oude feesten vieren, omdat ze niet geloven dat de Messias nog is gekomen.

Tegenwoordig is het Feest van de Oogst – Pinksteren – een passend Nieuw Testamentisch feest, want de Heilige Geest is degene die een "oogst" van juist leven in ons leven brengt. Hij helpt ons om zielen voor Christus te "oogsten". Pinksteren biedt ons een tijd van reflectie en dankbaarheid voor Gods voorziening en werk in ons leven.

Functies van de Heilige Geest

De Heilige Geest schenkt veel prachtige en belangrijke gaven aan degenen die hun leven aan Jezus hebben toevertrouwd. De Geest is de primaire invloed in ons spirituele, mentale, emotionele en fysieke leven nadat we gered zijn. Het is Zijn taak om ons voortdurend te begeleiden, te leiden, te bekrachtigen en ons al onze dagen te sturen, zodat we verenigd blijven met Christus. De woorden "toevertrouwd" en "blijven" in deze paragraaf impliceren een eerlijke, consistente en intieme toewijding aan God als we Zijn kracht en zegeningen willen ontvangen.

In Johannes 14: 9-11[13] zegt Jezus dat Hij en de Vader Eén zijn. Hij stelt hier dat ze gelijk zijn! Niet alleen dat, maar de Geest is ook Eén met de Vader en de Zoon. Daarom zeggen we "In de Naam van de Vader, de Zoon en de Heilige Geest". Omdat alleen God volledig in harmonie en eenheid met Zichzelf kan zijn, is de Heilige Geest ook Goddelijk- identiek in kracht en glorie met de Vader en de Zoon.

Een van de grootste geschenken die de Heilige Geest ons geeft is geestelijke geboorte (Johannes 3:5-8[14]; Titus 3:4-6[15]). Hij geeft ons ook eeuwig leven (Johannes 6:63[16]). Laten we eens kijken naar Johannes 14:17[17]. Let op dat Jezus zegt: "Jullie kennen Hem (de Heilige Geest) omdat Hij nu bij jullie woont", maar Hij zegt niet "in" jullie nu. Vergeet niet dat de Heilige Geest pas persoonlijk in het leven van christenen werd losgelaten na Jezus' dood, begrafenis, opstanding en het daaropvolgende Pinksteren (Johannes 7:39[18]).

Vergeet niet dat de Heilige Geest in ons komt op het moment van redding - door ons geestelijk te dopen. Op dat moment vervult Hij ons met Zichzelf (Handelingen 1:5-8[19]). Wij worden ook fysiek en spiritueel gedoopt in Jezus

Christus, als een openbare getuige van onze redding en de gave van ons eeuwige leven (Handelingen 2:38[20]; Johannes 6:27[21]).

Laten we nog eens kijken naar Johannes 14:17c[22] ("c" is de derde zin in een vers uit de Schrift). Er staat dat de Geest "nu hier bij hen was" - omdat Hij leefde in en door Jezus, die fysiek bij de discipelen was. Maar deze passage gaat verder met te zeggen dat "Hij (de Geest) later IN hen zou zijn". Dit is meer bewijs dat Jezus en de Geest Eén waren, want als Jezus zegt dat HIJ bij ons is, dan is de Heilige Geest bij ons.

Bovendien zegt Johannes 14:18-23 dat Jezus 'tot ons zal komen'. Vergeet niet dat Jezus pas in letterlijke, fysieke vorm terugkomt bij de Wederkomst in de toekomst. Dus Hij sprak over "tot de gelovige komen" in de vorm van de Heilige Geest.

Jezus vertelt ons dat Hij de aarde verliet zodat de Heilige Geest naar ons toe kon komen (Johannes 16:7[24]). Dit komt omdat Jezus als mens niet de hele wereld kon bereiken, maar de Geest van God kan persoonlijk in ieder mens leven die besluit Jezus als Heer en Redder te accepteren. Verbazingwekkender is het dat Jezus zegt dat JIJ EN IK – Zijn volgelingen – één zullen zijn met de Vader, de Zoon en de Heilige Geest (Johannes 14:20[25])!

Andere eigenschappen van de bijzondere Geest van God

De Heilige Geest is onze Advocaat. Wat zo kostbaar is, is dat de titel Advocaat ook aan Jezus wordt toegeschreven (1 Johannes 2:1[26]). Een advocaat is iemand die opkomt voor degenen die zwakker of minder ervaren zijn, en hun positie verdedigt. Gezien onze zondige aard en de kwetsbaarheid voor onze vijand, Satan, hebben we een grote behoefte aan een grote kracht en steun. We hebben iemand nodig die voor ons vecht en ons beschermt, iemand die niet beperkt wordt door menselijke zwakheid.

Bovendien wordt de Heilige Geest de Geest van Waarheid genoemd, en Hij leidt ons in alle waarheid (Johannes 16:13a[27]). Jezus wordt ook de Waarheid genoemd (Johannes 14:6[28]). En de Bijbel zegt dat God niet kan liegen (omdat Hij Waarheid is) haakjes van mij (Hebreeën 6:18[29]). Vaak, als we het woord waarheid horen, denken we aan "de waarheid vertellen", iets wat we op een bepaald moment wel of niet doen. Maar de Leden van de Drie-eenheid ZIJN Waarheid. Ze belichamen de waarheid en kunnen niet anders dan 100% van de tijd eerlijk zijn.

Een andere prachtige rol van de Heilige Geest is dat Hij voor ons bidt en voor ons pleit (Romeinen 8:26-27[30]). Dit is ook iets wat Jezus voor ons doet (Hebreeën 7:24-25[31]). Ten slotte is de Schitterende Heilige Geest ook onze Leraar (1 Johannes 2:26-27[32]). Bovendien wordt Jezus ook onze Leraar genoemd in Johannes 13:13[33].

Dus, om te benadrukken Wie de Goede Heilige Geest is:

Hij is het derde deel van de Drie-enige Godheid (Vader, Zoon en Heilige Geest). Hij is de Mede-Schepper van het universum. Hij overtuigt ons van zonde.

Hij opent de geestelijke ogen van ongelovigen. Hij overtuigt ons van onze behoefte aan verlossing. Hij bevestigt de Waarheid van Gods Woord. Hij garandeert onze verlossing en een goede positie bij God wanneer we ons leven oprecht aan Jezus Christus toewijden.

De Heilige Geest:

- Geeft ons ons geloof
- Geeft ons de kracht die we nodig hebben om te leven volgens Gods verlangens
- Beëindigt onze slavernij aan kwade verlangens
- Creëert vrucht in ons, zoals beschreven in Galaten 5:22-23[34]
- Is een geweldige, wijze en liefdevolle Raadgever
- Helpt ons en troost ons in onze tijd van nood

We kunnen alleen een goddelijk leven leiden door ons te concentreren op onze relatie met Jezus. We bereiken dit door dagelijks gebed; Bijbelstudie; oprechte, berouwvolle en oprechte belijdenis; en gemeenschap met andere authentieke gelovigen. Maar de KRACHT om dit soort leven te leiden komt alleen van de Heilige Geest. Onze taak is om Hem toestemming te geven om de nodige veranderingen in ons aan te brengen, en om Zijn leiding en instructies te gehoorzamen. De Heilige Geest verlangt ernaar dat wij de vrijheid ervaren die God voor ons leven bedoeld heeft. Hij wil dat wij meer op Jezus gaan lijken, zodat wij eer kunnen brengen aan de Vader. En Hij verlangt ernaar dat wij onze christelijke rol vervullen om anderen naar het Koninkrijk van God te leiden.

 *De Heilige Geest is degene
die het christelijke leven
vitaliteit geeft!*

-BIJBELVERZEN-

1. **Rom. 8: 5-8** Wie beheerst wordt door het aardse, streeft aardse zaken na, maar wie beheerst wordt door de Geest, streeft na wat de Geest wil. 6 Het aardse streven leidt tot de dood, maar het streven waartoe de Geest aanzet leidt tot leven en vrede. 7 Het aardse streven staat vijandig tegenover God, want het onderwerpt zich niet aan zijn wet en is daar ook niet toe in staat. 8 Wie beheerst wordt door het aardse, kan God niet behagen.

2. **Genesis 1:1-2** In het begin schiep God de hemel en de aarde. 2 De aarde was woest en doods, duisternis lag over de oervloed, en over het water zweefde Gods geest.

3. **Genesis 1:26** God zei: 'Laten Wij mensen maken die ons evenbeeld zijn, die op Ons lijken; zij moeten heersen over de vissen van de zee en de vogels van de hemel, over het vee, over de hele aarde en over alles wat daarop rondkruipt.'

4. **Job 33:4** De geest van God heeft mij gemaakt, de adem van de Ontzagwekkende doet mij leven.

5. **Deuteronomium 32:39** Zie het toch in: Ik ben de enige, naast Mij is er geen andere god. Ik laat sterven, Ik geef leven, Ik sla wonden en Ik genees. Wanneer Ik mijn macht laat gelden is er niemand die redding bieden kan.

6. **1 Samuel 2:6** De HEER doet sterven en doet leven, voert naar het dodenrijk en leidt eruit omhoog.

7. **Romeinen 8:11** Want als de Geest van Hem die Jezus uit de dood heeft opgewekt in u woont, zal Hij die Christus heeft opgewekt ook uw sterfelijk lichaam levend maken door zijn Geest, die in u woont.

8. **Colossenzen 1:15-20** Beeld van God, de onzichtbare, is Hij, eerstgeborene van heel de schepping:16 in Hem is alles geschapen, alles in de hemel en alles op aarde, het zichtbare en het onzichtbare, vorsten en heersers, machten en krachten, alles is door Hem en voor Hem geschapen. 17 Hij bestaat vóór alles en alles bestaat in Hem. 18 Hij is het hoofd van het lichaam, de kerk. Oorsprong is Hij, eerstgeborene uit de dood, om in alles de eerste te zijn: 19 in Hem heeft heel de volheid willen wonen 20 en door Hem en voor Hem alles met zich willen verzoenen, alles op aarde en alles in de hemel, door vrede te brengen met zijn bloed aan het kruis.

9. **Handelingen 5:3-4** Maar Petrus zei: 'Ananias, waarom heb je je door Satan laten misleiden en heb je de heilige Geest bedrogen door een deel van de opbrengst van het stuk grond achter te houden? 4 Je had het immers niet hoeven te verkopen, en nu je het wel verkocht hebt, had je met de opbrengst toch kunnen doen wat je wilde? Wat heeft je bezield om je zo te gedragen? Niet de mensen heb je bedrogen, maar God zelf.'

10. **Johannes 4:23-24** Maar er komt een tijd, en die tijd is nu gekomen, dat wie de Vader echt aanbidt, Hem aanbidt vervuld van Geest en waarheid. De Vader zoekt mensen die Hem zo aanbidden, 24 want God is Geest, dus wie Hem aanbidt, moet dat doen vervuld van Geest en waarheid.'

11. **Handelingen 2:1-21** Toen de dag van het Pinksterfeest aanbrak waren ze allen bij elkaar. 2 Plotseling klonk er uit

de hemel een geluid als van een hevige windvlaag, dat het huis waar ze zich bevonden geheel vulde. 3 Er verschenen aan hen een soort vlammen, die zich als vuurtongen verspreidden en zich op ieder van hen neerzetten, 4 en allen werden vervuld van de heilige Geest en begonnen op luide toon te spreken in vreemde talen, zoals hun door de Geest werd ingegeven. 5 In Jeruzalem woonden destijds vrome Joden, die afkomstig waren uit ieder volk op aarde. 6 Toen het geluid weerklonk, dromden ze samen en ze raakten geheel in verwarring doordat iedereen hen in zijn eigen taal hoorde spreken. 7 Ze waren buiten zichzelf van verbazing en zeiden: 'Het zijn toch allemaal Galileeërs die daar spreken? 8 Hoe kan het dan dat wij hen allemaal in onze eigen moedertaal horen? 9 Parten, Meden en Elamieten, inwoners van Mesopotamië, Judea en Cappadocië, mensen uit Pontus en Asia, 10 Frygië en Pamfylië, Egypte en de omgeving van Cyrene in Libië, inwoners van Rome die zich hier gevestigd hebben, 11 en ook mensen uit Kreta en Arabië, zowel Joden als proselieten – wij allen horen hen in onze eigen taal spreken over Gods grote daden.' 12 Verbijsterd en geheel van hun stuk gebracht vroegen ze aan elkaar: 'Wat heeft dit toch te betekenen?' 13 Maar sommigen zeiden spottend: 'Ze zullen wel dronken zijn.' 14 Daarop trad Petrus naar voren, samen met de elf andere apostelen, verhief zijn stem en sprak de menigte toe: 'U, Joden en inwoners van Jeruzalem, luister naar mijn woorden en neem ze ter harte. 15 Deze mensen zijn niet dronken, zoals u denkt; het is immers pas het derde uur na zonsopgang. 16 Wat hier nu gebeurt, is aangekondigd door de profeet Joël: 17 "Aan het einde der tijden, zegt God, zal Ik mijn Geest uitgieten over al wat leeft. Dan zullen jullie zonen en dochters profeteren, jongeren zullen visioenen zien en oude mensen dromen dromen. 18 Ja, over al mijn dienaren en dienaressen zal Ik in die tijd mijn Geest uitgieten, zodat ze zullen profeteren. 19 Ik zal wonderen doen verschijnen aan de hemel boven en tekenen geven op de aarde beneden, bloed en vuur en rook. 20 De zon verandert in duisternis en de maan in bloed voordat de dag van de Heer komt, groot en ontzagwekkend. 21 Dan zal ieder die de naam van de Heer aanroept worden gered."

12. **Deuteronomium 16:9-10** Zeven weken moet u aftellen: zeven weken nadat de eerste sikkel in het koren is gezet 10 moet u voor de HEER, uw God, het Wekenfeest vieren, zo uitbundig als uw vrijwillige gaven het toelaten, naar de mate waarin de HEER, uw God, u zegent.

13. **Johannes 14: 9-11** Jezus zei: 'Ik ben nu al zo lang bij jullie, en nog ken je Me niet, Filippus? Wie Mij gezien heeft, heeft de Vader gezien. Waarom vraag je dan om de Vader te mogen zien? 10 Geloof je niet dat Ik in de Vader ben en dat de Vader in Mij is? Ik spreek niet namens mezelf als Ik tegen jullie spreek, maar de Vader, die in Mij blijft, doet zijn werk door Mij. 11 Geloof Me: Ik ben in de Vader en de Vader is in Mij. Als je Mij niet gelooft, geloof het dan om wat Hij doet.

14. **Johannes 3:5-8** Jezus antwoordde: 'Werkelijk, Ik verzeker u, niemand kan het koninkrijk van God binnengaan tenzij hij geboren wordt uit water en Geest. 6 Wat geboren is uit een mens is menselijk, en wat geboren is uit de Geest is geestelijk. 7 Wees niet verbaasd dat Ik zei dat jullie opnieuw geboren moeten worden. 8 De wind waait waarheen hij wil; je hoort zijn geluid, maar je weet niet waar hij vandaan komt en waar hij heen gaat. Zo is het ook met iedereen die uit de Geest geboren is.'

15. **Titus 3:4-6** Maar toen zijn de goedheid en mensenliefde van God, onze redder, openbaar geworden 5 en heeft Hij ons gered, niet vanwege onze rechtvaardige daden, maar uit barmhartigheid. Hij heeft ons gered door het bad van de wedergeboorte en de vernieuwende kracht van de heilige Geest, 6 die Hij door Jezus Christus, onze redder, rijkelijk over ons heeft uitgegoten.

16. **Johannes 6:63** Het aardse bestaan leidt tot niets, het is de Geest die levend maakt. Wat Ik gezegd heb is vol van Geest en leven.

17. **Johannes 14:17** de Geest van de waarheid. De wereld kan Hem niet ontvangen, want ze ziet Hem niet en kent Hem niet. Jullie kennen Hem wel, want Hij blijft bij jullie en zal in jullie zijn.

18. **Johannes 7:39** Hiermee doelde Hij op de Geest die zij die in Hem geloofden zouden ontvangen; de Geest was er namelijk nog niet, want Jezus was nog niet tot Gods majesteit verheven.

19. **Handelingen 1:5-8** Johannes doopte met water, maar binnenkort worden jullie gedoopt met de heilige Geest.' 6 Zij die daar bijeen waren, vroegen Hem: 'Heer, gaat U dan binnen afzienbare tijd het koningschap over Israël herstellen?' 7 Hij antwoordde: 'Het is niet aan jullie om te weten wat de Vader in zijn macht heeft vastgesteld over de tijd en het ogenblik waarop deze gebeurtenissen zullen plaatsvinden. 8 Maar wanneer de heilige Geest over jullie komt, zullen jullie kracht ontvangen om mijn getuigen te zijn in Jeruzalem, in heel Judea en Samaria, tot aan de uiteinden van de aarde.'

20. **Handelingen 2:38** Petrus antwoordde: 'Kom tot inkeer en laat u allen dopen in de naam van Jezus Christus om verge-

ving te krijgen voor uw zonden. Dan zal de heilige Geest u geschonken worden,

21. **Johannes 6:27** U moet geen moeite doen voor voedsel dat vergaat, maar voor voedsel dat blijft en eeuwig leven geeft; de Mensenzoon zal het u geven, want de Vader, God zelf, heeft Hem die volmacht gegeven.'

22. **Johannes 14:17c** Jullie kennen Hem wel, want Hij blijft bij jullie en zal in jullie zijn.

23. **Johannes 14:18** Ik laat jullie niet als wezen achter, Ik kom bij jullie terug.

24. **Johannes 16:7** Maar dit is de waarheid: het is goed voor jullie dat Ik ga, want als Ik niet ga zal de pleitbezorger niet bij jullie komen, maar als Ik weg ben, zal Ik Hem naar jullie zenden.

25. **Johannes 14:20** Dan zul je begrijpen dat Ik in mijn Vader ben, dat jullie in Mij zijn en dat Ik in jullie ben.

26. **1 Johannes 2:1** Kinderen, ik schrijf u dit opdat u niet zondigt. Maar mocht een van u zondigen, dan hebben wij een pleitbezorger bij de Vader: Jezus Christus, de rechtvaardige.

27. **Johannes 16:13a** De Geest van de waarheid zal jullie, wanneer Hij komt, de weg wijzen naar de volle waarheid.

28. **Johannes 14:6** Jezus zei: 'Ik ben de weg, de waarheid en het leven. Niemand kan bij de Vader komen dan door Mij.

29. **Hebreeën 6:18** Zo heeft Hij ons met twee onherroepelijke daden krachtig moed willen inspreken – en dat God liegt is uitgesloten. Het is onze toevlucht vast te houden aan de hoop op wat voor ons in het verschiet ligt.

30. **Romeinen 8:26-27** En bovendien komt de Geest onze zwakheid te hulp; wij weten immers niet wat we in ons gebed te-

gen God moeten zeggen, maar de Geest zelf pleit voor ons met woordloze zuchten. 27 God, die ons hart doorgrondt, weet wat de Geest wil zeggen, want de Geest pleit voor de heiligen overeenkomstig Gods wil.

31. **Hebreeën 7:24-25** maar omdat Hij blijft tot in eeuwigheid, is ook zijn priesterschap eeuwig. 25 Zo kan Hij allen die God door Hem naderen volkomen redden, omdat Hij voor altijd leeft en zo voor hen kan pleiten.

32. **1 Johannes 2:26-27** Dit wilde ik u schrijven over hen die proberen u te misleiden. 27 Wat uzelf betreft: de zalving die u van Hem ontvangen hebt is blijvend, u hebt geen leraar nodig. Zijn zalving leert u alles naar waarheid, zonder bedrog. Blijf daarom in Hem, zoals zijn zalving u geleerd heeft.

33. **Johannes 13:13** Jullie zeggen altijd "meester" en "Heer" tegen Mij, en terecht, want dat ben Ik ook

34. **Galaten 5:22-23** Maar de vrucht van de Geest is liefde, vreugde en vrede, geduld, vriendelijkheid en goedheid, geloof, 23 zachtmoedigheid en zelfbeheersing. Er is geen wet die daar iets tegen heeft.

HOOFDSTUK 9
-WIE IS DE SATAN?-

De meeste mensen zijn nieuwsgierig naar Satan. Over het algemeen wordt gedacht dat hij de "slechterik" is en God de "goede". Sommige mensen twijfelen aan zijn bestaan. Of ze denken dat hij het kleine rode stripfiguurtje met een hooivork is. Maar tenzij we de waarheid over wie hij is in de Bijbel lezen, hebben we waarschijnlijk geen nauwkeurige kennis. Hij is heel echt, heel slecht en heel gevaarlijk.

Het zal je misschien verbazen dat Satan zijn begin in de hemel had (Jesaja 14:12-17[1]; Ezechiël 28:12-17[2]). Hoewel deze passages betrekking hadden op koningen uit het Oude Testament, schrijven de meeste Bijbelgeleerden ze ook toe aan Satan.

Satan was een van Gods mooiste creaties. Hij was een engel met grote macht. Een andere naam voor hem was Lucifer, wat "gevoel van helderheid" of "heldere morgenster" betekent. We lezen echter in deze verslagen dat hij trots werd op zijn schoonheid en besloot de Allerhoogste God te trotseren. Zijn trots zorgde ervoor dat hij veranderde van een mooie en geliefde engel in iemand die "De Vader der Leugens" en "De Oude Slang" werd genoemd (Johannes 8:44[3]; Openbaring 12:9[4])!

Een van de manieren waarop hij probeert toegang te krijgen tot het leven van mensen, is door zichzelf te vermommen als een engel van het licht. Hij weet dat als we ons realiseerden hoe slecht en afschuwelijk hij werkelijk is, we niets met hem te maken zouden willen hebben. En de menselijke volgelingen van de duivel verbergen vaak ook hun bedoelingen (2 Korintiërs 11:12-15[5]). Dit maakt het echter vaak moeilijk om onderscheid te maken tussen goed en kwaad, en daarom hebben we behoefte aan onderscheidingsvermogen van de Heilige Geest en het Woord van God. Onderscheidingsvermogen is, in dit verband, het vermogen om te herkennen of iemand oprecht of vals is; waarheidsgetrouw of bedrieglijk.

Jezus vertelt ons dat Hij Satan uit de hemel zag vallen (Lucas 10:17-18[6]). En sindsdien is Satan de essentie van het kwaad, die vernietiging op aarde veroorzaakt (1 Johannes 3:8[7]). Eigenlijk kwam Jezus met het doel om mensen te bevrijden uit de klauwen van de duivel (Colossenzen 1:13-14[8]).

De apostel Petrus onthult zelfs een van de belangrijkste doelen die de Heer voor ons leven heeft: "Maar jullie (christenen) zijn een uitverkoren geslacht, een heilige natie, een volk dat God zich toe-eigent, om de grootheden te verkondigen van Hem (Jezus) die jullie uit de duisternis (het rijk van Satan) heeft geroepen tot Zijn wonderbaarlijke licht (Gods Koninkrijk)" (2 Petrus 1:9)

De naam "Satan" betekent tegenstander, wat betekent "tegen" iets of iemand zijn. Hij is tegen God en alles waar Hij voor staat sinds hij uit de hemel is geworpen. Hij weet dat hij God niet rechtstreeks kan bevechten, dus voert hij in plaats daarvan oorlog tegen Gods volk, waarbij hij hen dag en nacht beschuldigt (Zacharia 3:1-2[9]; Openbaring 12:10[10]). Hoewel veel van het kwaad dat we in de wereld zien, het gevolg is van het egoïsme van de mens, worden veel gebeurtenissen en situaties verergerd door het werk van Satan.

Waarom is Satan zo succesvol?

Satan HAAT God en Zijn volk, en zijn kwaadaardige plan is om alles en iedereen die God liefheeft te doden, verminken en vernietigen (Johannes 10:10[11]). Hij veracht de mensheid in het algemeen, omdat we allemaal naar het beeld van God zijn geschapen. Maar hij heeft een speciale, hevige haat jegens allen die van Jezus houden.

Hij zal elk middel gebruiken om ons van het pad af te brengen en ons van God af te keren. Het is dwaas om te ontkennen dat hij oneindig veel machtiger is dan wij. Als meester-vervalser vindt hij het geweldig wanneer mensen geloven dat hij niet bestaat. We moeten geloven dat Satan echt is!

Een belangrijke manier waarop de duivel opereert, is door ons aan het twijfelen te krijgen en ons van God en Zijn waarheid af te keren. We zien dit in het beroemde verhaal van Adam en Eva. God vertelde hen dat ze niet van de boom van goed en kwaad mochten eten, maar de slang (Satan) gaf Eva het idee dat ze heel veel miste en dat God dat egoïstisch voor haar achterhield. Dus geloofde ze de duivel in plaats van God en de resultaten waren ronduit catastrofaal (Genesis 3:1-24[12]).

Uit dit verslag blijkt dat Satan onze gedachten kan beïnvloeden, hoewel hij niet in staat is om "onze gedachten te lezen". Hij let echter op ons gedrag en kent onze zwakheden. Satan gebruikt deze tactiek van twijfel zaaien nog steeds en zorgt het er nog steeds voor dat miljoenen mensen afdwalen van God en Zijn plannen.

Satans beperkte macht

Satan krijgt toegang tot God Zelf. Hij mag ook Gods volk, dat "gelovigen" wordt genoemd, verleiden (Job 1:6-12[13]). Maar gelukkig hebben christenen Jezus. Hij beschermt hen en bidt voor hen om deze beproevingen te overwinnen (Lukas 22:31-32[14]). Als je geen relatie met God hebt door de verlossing in Jezus Christus, kun je niet dezelfde bescherming tegen de duivel verwachten. Ongelovigen (degenen die niet gered zijn) kunnen hun ziel door Satan laten bezitten. Dat betekent dat hij letterlijk de geest en wil van een mens kan overnemen (Lukas 22:3[15]).

Nogmaals, het is onmogelijk voor oprechte gelovigen om door Satan bezeten te worden, omdat de Heilige Geest in hen leeft en de duivel niet kan samenleven met God. Maar Satan kan nog steeds chaos veroorzaken en de gelovige onderdrukken (Handelingen 10:38[16]; 1 Thessalonicenzen 2:18[17]; 1 Petrus 5:8-9[18]). God kan zelfs toestaan dat de duivel en zijn demonen moeilijkheden in ons leven creëren, zodat we meer op Hem leunen en ons karakter opbouwen (2 Korintiërs 12:7b[19]).

Sommige manifestaties van satanische bezetenheid zijn psychische stoornissen (Marcus 5:1-15[20]). De Bijbel registreert ook demonische activiteit in de vorm van gewelddadige handelingen (Lukas 8:26-29[21]) en lichamelijke ziekte of beperking (2 Lukas 13:11[22]; Mattheüs 12:22[23]). Dit betekent uiteraard niet dat wanneer mensen ziek worden, gewelddadig handelen of een psychische aandoening hebben, ze bezeten zijn door de duivel! Maar dit kan zeker een bijdragende factor zijn.

Satan heeft ook een groot leger van gevallen engelen, die demonen worden genoemd. Een andere titel van Satan is Beëlzebub, wat betekent "hoofd van boze geesten" of "vorst van demonen" (Mattheüs 12:24[24]). Hoewel deze Schriftplaats verwijst naar de haat van de Farizeeër jegens Jezus en hun implicatie dat Zijn macht van de duivel was, werd deze passage gebruikt om te laten zien dat Satan "De vorst van demonen" wordt genoemd.

Aangezien Satan een geschapen wezen is, kan hij niet overal tegelijk zijn. Alleen God Zelf is "alomtegenwoordig", wat overal tegelijk betekent. Dus Satan gebruikt zijn demonen om zijn vuile werk voor hem te doen. In feite hebben demonen territoria, of geografische gebieden, waarvoor ze verantwoordelijk zijn (Daniël 10:13[25]; Efeziërs 6:10-12[26]).

Satan wordt "de god van deze wereld" en "de heerser van deze wereld" genoemd (Lukas 4:5-6[27]; Johannes 12:31[28]; 2 Korintiërs 4:3-4[29]; 1 Johannes 5:19[30]). De wereld is in deze context het materiele, maatschappelijke, economische, politieke en fysieke rijk waarin mensen leven. Daarom zie je zoveel kwaad onder mensen die geen geloof hebben in Jezus. Hun gedachten worden letterlijk gecontroleerd door de duivel (Efeziërs 2:1-2[31]).

Zelfs christenen gehoorzaamden de duivel voordat ze Jezus accepteerden. Maar ze namen de cruciale, eeuwige beslissing om de vijand van hun zielen te verwerpen en zich tot Jezus te wenden, de Minnaar van hun zielen. Het is van groot belang om te begrijpen dat het alleen jouw keuze is wie je zult dienen. Let op dat de volgende Schrift alleen valse goden noemt, en "De Heer" – ofwel - (Jozua 24:15[32]).

Wie ga je dienen?

Net zoals God de Waarheid is en daarom niet kan liegen, is Satan een leugenaar en een moordenaar in hart en nieren. En net zoals mensen ervoor kunnen kiezen om het karakter van God te imiteren en te weerspiegelen, kunnen ze ook het karakter van Satan imiteren en weerspiegelen (2 Timotheüs 2:25-26[33]). Het is ieders persoonlijke keuze aan wie ze hun leven zullen wijden. De waarheid is dat je ervoor kiest om Jezus te volgen, of je kiest ervoor om de vijand van je ziel te volgen (Mattheüs 12:30[34]).

De Bijbel stelt duidelijk dat het iemands algehele levensstijl van rechtvaardigheid of zondigheid is die gelovigen van ongelovigen scheidt (1 Johannes 3:9-10[35]). Als christenen zullen we uiteraard fouten maken! Vergeet niet dat onze "rechtvaardigheid" van Jezus komt, niet door onze inspanningen. Maar alleen jij kunt de keuze maken Jezus en de Satan. Die keuze bepaalt je manier van leven.

Je denkt misschien: "Ik volg Jezus niet, maar ik ben ook geen duivelsaanbidder!" We kunnen echter niet neutraal zijn. We leven ofwel in de duisternis of in het licht - leven voor Satan of leven voor Christus (Handelingen 26:15-18[36]). Satans enige motief is om ons te onderwerpen en te vernietigen. Alleen Christus kan ons bevrijden - omdat Hij de enige is die de wil en de macht heeft om dat te doen.

Onze keuze om van Jezus te houden of Hem af te wijzen, is waar we uiteindelijk voor geoordeeld zullen worden. Er is geen middenweg; we kunnen niet "een beetje" een christen zijn. God haat dit hypocriete gedrag. Hij zou liever willen dat je Hem gewoon direct ontkent in plaats van te doen alsof je een christen bent (Openbaring 3:15-16[37])!

Nieuwe gelovigen zijn vooral kwetsbaar voor Satans aanvallen (Lucas 8:12[38]), en daarom is het essentieel dat ze direct na hun bekering worden getraind om de christelijke leer te leren. Ze hebben mensen nodig die volwassen zijn in het geloof, die hen kunnen helpen begrijpen hoe ze de aanvallen van de duivel kunnen weerstaan, hoe ze moeten bidden, hoe ze hun oude verlangens kunnen overwinnen en hoe ze het Woord van God kunnen lezen.

Hoe moeten we omgaan met Satan?

Ik geloof dat we op geen enkele manier met de duivel moeten communiceren. Ik heb christenen gezien die met hem in gesprek gingen, naar hem schreeuwden en eisten dat hij hen gehoorzaamde! Ik heb de woorden "schreeuwen en gillen" opgezocht in de Bijbel - ik vond schreeuwen alleen genoemd als het tussen mensen gebeurde. En "schreeuwen" wordt alleen vermeld als het betrekking heeft op demonen wanneer ze Jezus en een paar door demonen bezeten mannen tegenkomen!

In plaats van iets met Satan te maken te hebben, ga ik liever naar mijn Heer en vraag ik om bescherming, en vraag ik HEM om mijn gevechten tegen mijn vijand te voeren. Zelfs Michaël de aartsengel vroeg de Heer om met Satan af te rekenen (Judas 1:9[39]).

We moeten resoluut wegblijven van alles wat met het occulte te maken heeft. Dit omvat waarzeggerij, ouijaborden, horoscopen, seances en mediums (Deuteronomium 18:9-14[40]; Jesaja 8:19[41]). Wat een onschuldig tijdverdrijf lijkt, kan je letterlijk tot slaaf maken. Satan is een wrede meester en hij zal er alles aan doen om je uit te schakelen. Alles wat we moeten weten over de duivel – onze vijand – staat in de Bijbel. God wil degene zijn die ons wijsheid en richting geeft.

De Bijbel vertelt gelovigen om de duivel te weerstaan – en hij zal vluchten – wat betekent dat hij snel moet vertrekken (Jakobus 4:7[42])! Maar eerst moeten we onszelf vernederen en ons leven aan God onderwerpen. Alleen dan kunnen we de aanvallen van de duivel weerstaan. God wil dat ons hele wezen – ons hart, onze geest, onze ziel en ons lichaam – onder Zijn liefdevolle controle staat.

Als we in diepe en dagelijkse gemeenschap met de Heer leven, worden we beschermd tegen Satan. Natuurlijk kunnen we nog steeds lastiggevallen worden door die leugenachtige slang! Maar leven we op onze eigen manier en dan een snel gebedje doen om uit de problemen te komen, dan zal dat ons geen echte veiligheid brengen!

Daarom heeft God ons geestelijke wapens gegeven voor deze geestelijke oorlog. Deze wapens zijn bovennatuurlijk en ze zullen alleen effectief zijn als ze regelmatig worden gebruikt, en in de kracht van de Heilige Geest. De machtigste wapens die we tegen de duivel gebruiken, zijn het Woord van God - dat "Het Zwaard van de Geest" wordt genoemd - en gebed.

Andere wapens van onze oorlogsvoering worden opgesomd in Efeziërs 6:13-18[43]. Merk op dat deze passage ons niet vertelt om eropuit te trekken en te vechten, of om tegen de vijand te schreeuwen, of om te proberen hem neer te halen. Ons wordt bevolen om VAST TE STAAN. Het enige aanvallende wapen dat wordt genoemd, is de Bijbel, en we kunnen de Schrift lezen en spreken als we worden aangevallen.

Ik dacht dat ik een wonder zag!

In de dagen voorafgaand aan de fysieke en zichtbare wederkomst van Jezus Christus, zullen mensen het einde voelen naderen. Er zullen meer natuurrampen en er zal een groter kwaad zijn. Zelfs mensen die beweren Christus te volgen, zullen Hem afwijzen. Als gevolg van een wijdverbreide misleiding. Mensen zullen op zoek gaan naar antwoorden en ze zullen veel valse ideeën en methoden accepteren om hun angsten en onzekerheden te verlichten.

In de laatste dagen zullen wonderen toenemen, daarom moeten we heel voorzichtig zijn met bovennatuurlijke activiteit (2 Thessalonicenzen 2:9-10[44]; Openbaring 16:14[45]). Deze Schriftgedeelten spreken over de Antichrist - degene die aan het einde der tijden zal komen om iedereen op zijn pad te misleiden en te vernietigen, en die door Satan zal worden bekrachtigd. Satan en zijn demonen kunnen nu al wonderen verrichten.

Nogmaals, alleen omdat we een wonder zien, betekent niet altijd dat het van God komt (Openbaring 19:20[46]). De duivel zal deze namaakmethoden gebruiken om te proberen mensen van de Heer af te leiden. Hij zal zelfs de macht van God krijgen om iemand uit de dood op te wekken (Openbaring 13:11-15[47]). Satan en zijn demonen zullen uiteindelijk in de poel van zwavel en vuur worden geworpen om voor eeuwig en altijd te lijden (Openbaring 20:7-10[48]). Het grootste verdriet zal echter zijn voor degenen die Gods aanbod van redding door Jezus Christus weigeren terwijl ze nog op aarde leven. Zij zullen zich bij de duivel voegen in de brandende poel die oorspronkelijk alleen bedoeld was voor de duivel en zijn demonen (Mattheüs 25:41[49]).

Als we eenmaal gestorven zijn, is er geen verandering meer mogelijk. De beslissing om God te volgen - of de duivel - en daarom in de hemel of de hel te komen - wordt alleen in dit leven genomen. Daarom is het essentieel voor christenen om hun geloof, voor zover mogelijk, liefdevol te delen met iedereen, ze worden immers door de Heilige Geest geleid. Satan en de hel zijn heel reëel. Je zult eeuwig leven – maar alleen jij kunt je eeuwige bestemming kiezen. En alleen God, door Jezus Christus, kan onze paden recht maken en ons de overwinning geven, zodat we voor altijd met Hem kunnen leven (Spreuken 3:5-6[50]; Spreuken 4:10-13[51]).

Bestrijdt de duivel door vastbesloten te zijn om Jezus Christus met je hele leven te dienen!

HOOFDSTUK 9
-BIJBELVERZEN-

1. **Jesaja 14:12-17** O morgenster, zoon van de dageraad, hoe diep ben je uit de hemel gevallen. Overwinnaar van alle volken, hoe lig je daar ter aarde neergeworpen. 13 Je zei bij jezelf: Ik stijg op naar de hemel, boven Gods sterren plaats ik mijn troon. Ik zetel op de toppen van de Safon, de berg waar de goden bijeenkomen. 14 Ik stijg op tot boven de wolken, ik evenaar de Allerhoogste. 15 Nee! Je daalt af in het dodenrijk, in de allerdiepste put. 16 Ze zien je, ze kijken naar je en kijken nog eens goed naar je: "Is dit de man die de aarde deed beven en koninkrijken deed sidderen? 17 Die het land tot verval bracht en steden verwoestte? Die zijn gevangenen nooit liet gaan?"

2. **Ezechiël 28:12-17** Mensenkind, hef over de koning van Tyrus een dodenklacht aan: "Dit zegt God, de HEER: Eens was jij een toonbeeld van perfectie, vervuld van wijsheid en volmaakt van schoonheid. 13 Je leefde in Eden, in de tuin van God, en je was bekleed met een keur van edelstenen: met robijn, topaas en aquamarijn, met turkoois, onyx en jaspis, met saffier, granaat en smaragd, gevat in gouden zettingen. Op de dag dat je geschapen werd lagen ze klaar. 14 Je was een cherub, je vleugels beschermend uitgespreid, je was door Mij neergezet op de heilige berg van God, waar je wandelde tussen vurige stenen. 15 Je was onberispelijk in alles wat je

135

deed, vanaf de dag dat je was geschapen tot het moment dat het kwaad vat op je kreeg. 16 Door al het handeldrijven raakte je verstrikt in onrecht en geweld, en je zondigde; daarom, beschermende cherub, verbande Ik je van de berg van God en verdreef Ik je van je plaats tussen de vurige stenen. 17 Je schoonheid had je hoogmoedig gemaakt, je had je wijsheid en luister verkwanseld. Daarom heb Ik je op de aarde neergeworpen, als een schouwspel voor andere koningen.

3. **Johannes 8:44** Uw vader is de duivel, en u doet maar al te graag wat uw vader wil. Hij is vanaf het begin een moordenaar geweest. Hij hoort niet bij de waarheid, omdat er geen waarheid in hem is. Wanneer hij liegt, spreekt hij zoals hij is: een aartsleugenaar, de vader van de leugen.

4. **Openbaring 12:9** De grote draak werd op de aarde gegooid. Hij is de slang van weleer, die duivel of Satan wordt genoemd en die de hele wereld misleidt. Samen met zijn engelen werd hij op de aarde gegooid.

5. **2 Korintiërs 11:12-15** Ik zal mijn werk op deze manier blijven doen, zodat de apostelen die zo opscheppen over het geld dat ze opstrijken niet de kans krijgen zich aan ons gelijk te stellen. 13 Schijnapostelen zijn het, die zich door oneerlijk te werk te gaan voordoen als apostelen van Christus. 14 Dat is ook geen wonder, want niemand minder dan Satan vermomt zich als een engel van het licht. 15 Het ligt dus voor de hand dat ook zijn dienaren zich voordoen als dienaren van de gerechtigheid. Maar ze zullen krijgen wat ze verdienen.

6. **Lucas 10:17-18** De tweeënzeventig keerden vol vreugde terug en zeiden: 'Heer, zelfs de demonen onderwerpen zich aan ons bij het horen van uw naam.' 18 Hij zei tegen hen: 'Ik heb Satan als een lichtflits uit de hemel zien vallen!

7. **1 Johannes 3:8** en wie zondigt komt uit de duivel voort, want de duivel zondigt al vanaf het begin. De Zoon van God is dan ook verschenen om de daden van de duivel teniet te doen.

8. **Colossenzen 1:13-14** Hij heeft ons gered uit de macht van de duisternis en ons overgebracht naar het rijk van zijn geliefde Zoon, 14 die ons de verlossing heeft gebracht, de vergeving van onze zonden.

9. **Zacharia 3:1-2** Vervolgens liet Hij me de hogepriester Jozua zien. Deze stond voor de engel van de HEER, met aan zijn rechterhand de satan, die tegen hem pleitte. 2 De HEER zei tegen de satan: 'De HEER zal je het zwijgen opleggen. De HEER, die Jeruzalem heeft uitverkozen, zal jou het zwijgen opleggen. Is deze Jozua niet een stuk zwartgeblakerd hout dat uit het vuur is weggerukt?'

10. **Openbaring 12:10** Toen hoorde ik een luide stem in de hemel zeggen: 'Nu zijn de redding, de macht en het koningschap van onze God werkelijkheid geworden, en de heerschappij van zijn messias. Want de aanklager van onze broeders en zusters, die hen dag en nacht bij onze God aanklaagde, is ten val gebracht.

11. **Johannes 10:10** Een dief komt alleen om te roven, te slachten en te vernietigen, maar Ik ben gekomen om hun het leven te geven in al zijn volheid.

12. **Genesis 3:1-24** Van alle in het wild levende dieren die de HEER God gemaakt had, was de slang het sluwst. Dit dier vroeg aan de vrouw: 'Heeft God werkelijk gezegd dat jullie van geen enkele boom in de tuin mogen eten?' 2 'We mogen de vruchten van alle bomen eten,' antwoordde de vrouw, 3 'behalve die van de boom in het midden van de

tuin. God heeft ons verboden van de vruchten van die boom te eten of ze zelfs maar aan te raken; doen we dat toch, dan zullen we sterven.' 4 'Jullie zullen helemaal niet sterven,' zei de slang. 5 'Integendeel, God weet dat jullie de ogen zullen opengaan zodra je daarvan eet, en dat jullie dan als God zullen zijn en kennis zullen hebben van goed en kwaad.' 6 De vrouw keek naar de boom. Zijn vruchten zagen er heerlijk uit, ze waren een lust voor het oog, en ze vond het aanlokkelijk dat de boom haar wijsheid zou schenken. Ze plukte een paar vruchten en at ervan. Ze gaf ook wat aan haar man, die bij haar was, en ook hij at ervan. 7 Toen gingen hun beiden de ogen open en merkten ze dat ze naakt waren. Daarom regen ze vijgenbladeren aan elkaar en maakten er lendenschorten van. 8 Toen de mens en zijn vrouw de HEER God in de koelte van de avondwind door de tuin hoorden wandelen, verborgen zij zich voor Hem tussen de bomen. 9 Maar de HEER God riep de mens: 'Waar ben je?' 10 Hij antwoordde: 'Ik hoorde U in de tuin en werd bang omdat ik naakt ben; daarom verborg ik me.' 11 'Wie heeft je verteld dat je naakt bent? Heb je soms gegeten van de boom waarvan Ik je verboden had te eten?' 12 De mens antwoordde: 'De vrouw die U mij hebt gegeven om mij terzijde te staan, gaf mij vruchten van de boom en toen heb ik ervan gegeten.' 13 'Waarom heb je dat gedaan?' vroeg de HEER God aan de vrouw. En zij antwoordde: 'De slang heeft me misleid en toen heb ik ervan gegeten.' 14 De HEER God zei tegen de slang: 'Vervloekt ben jij dat je dit hebt gedaan, het vee zal je voortaan mijden, wilde dieren wenden zich af; op je buik zul je kruipen en stof zul je eten, je hele leven lang. 15 Vijandschap sticht Ik tussen jou en de vrouw, tussen jouw nageslacht en het hare; dat verbrijzelt jou de kop, jij bijt het in de hiel.' 16 Tegen de vrouw zei Hij:

'Je zwangerschap maak Ik tot een zware last, zwoegen zul je als je baart. Je zult je man begeren, en hij zal over je heersen.' 17 Tegen de mens zei Hij: 'Je hebt geluisterd naar je vrouw, gegeten van de boom die Ik je had verboden. Vervloekt is de akker om wat jij hebt gedaan, zwoegen zul je om ervan te eten, je hele leven lang. 18 Dorens en distels zullen er groeien, toch moet je van zijn gewassen leven. 19 Zweten zul je voor je brood, totdat je terugkeert tot de aarde, waaruit je bent genomen: stof ben je, tot stof keer je terug.' 20 De mens noemde zijn vrouw Eva; zij is de moeder van alle levenden geworden. 21 De HEER God maakte voor de mens en zijn vrouw kleren van dierenvellen en trok hun die aan. 22 Toen zei de HEER God: 'Nu is de mens aan Ons gelijk geworden, nu heeft hij kennis van goed en kwaad. Nu wil Ik voorkomen dat hij ook vruchten van de levensboom plukt, want als hij die zou eten, zou hij eeuwig leven.' 23 Daarom stuurde Hij de mens weg uit de tuin van Eden om de aarde waaruit hij was genomen te gaan bewerken. 24 En nadat Hij hem had weggejaagd, plaatste Hij ten oosten van de tuin van Eden de cherubs en het heen en weer flitsende, vlammende zwaard. Zij moesten de weg naar de levensboom bewaken.

13. **Job 1:6-12** Op een dag kwamen de hemelbewoners hun opwachting maken bij de HEER, en ook de satan bevond zich onder hen. 7 De HEER vroeg hem: 'Waar kom je vandaan?' Hij antwoordde: 'Ik heb rondgezworven en rondgedoold op aarde.' 8 De HEER vroeg aan de satan: 'Heb je ook op mijn dienaar Job gelet? Zoals hij is er niemand op aarde: hij is rechtschapen en onberispelijk, hij heeft ontzag voor God en mijdt het kwaad.' 9 De satan antwoordde de HEER: 'Zou Job werkelijk zonder reden zoveel ontzag voor God hebben? 10 U beschermt hem immers, evenals zijn gezin en alles wat hem

toebehoort. U hebt het werk dat hij doet gezegend, zodat zijn bezit zich steeds meer uitbreidt. 11 Maar als U uw hand naar hem uitstrekt en aantast wat hem toebehoort, zal hij U onge-twijfeld in uw gezicht vervloeken!' 12 Toen zei de HEER te-gen hem: 'Luister, met alles wat van hem is mag je doen wat je wilt, maar raak Job zelf niet aan.' Hierop vertrok de satan.

14. **Lukas 22:31-32** Simon, Simon, weet dat Satan jullie voor zich heeft opgeëist om jullie als graan te mogen zeven. 32 Maar Ik heb voor je gebeden opdat je geloof niet zou bezwijken. En als jij eenmaal tot inkeer bent gekomen, moet jij je broeders sterken.'

15. **Lukas 22:3** Toen nam Satan bezit van Judas, bijgenaamd Is-kariot, een van de twaalf.

16. **Handelingen 10:38** Jezus van Nazareth met de heilige Geest heeft gezalfd en met kracht heeft bekleed. Hij trok als wel-doener door het land en genas iedereen die in de macht van de duivel was, want God stond Hem bij.

17. **1 Thessalonicenzen 2:18** We stonden dan ook meer dan eens op het punt naar u toe te komen – ik, Paulus, niet in de laatste plaats –, maar Satan heeft het ons belet.

18. **1 Petrus 5:8-9** Wees waakzaam, wees op uw hoede, want uw vijand, de duivel, zwerft rond als een brullende leeuw, op zoek naar een prooi. 9 Stel u tegen hem teweer, gesterkt door uw geloof, in het besef dat uw broeders en zusters, waar ook ter wereld, hetzelfde lijden moeten doorstaan.

19. **2 Korintiërs 12:7b** Om te verhinderen dat ik mezelf zou verheffen, werd mij een doorn in het vlees gestoken: ik word gekweld door een engel van Satan.

20. **Marcus 5:1-15** Ze kwamen aan de overkant van het meer, in het gebied van de Gerasenen. 2 Toen Hij uit de boot ge-

stapt was, kwam Hem meteen vanuit de grafspelonken een man tegemoet die door een onreine geest bezeten was 3 en in de spelonken woonde. Niemand kon hem meer vastbinden, zelfs niet met kettingen. 4 Hij was al dikwijls aan handen en voeten geketend geweest, maar dan trok hij de kettingen los en sloeg hij de boeien stuk, en niemand was sterk genoeg om hem te bedwingen. 5 En altijd, dag en nacht, liep hij schreeuwend tussen de rotsgraven en door de bergen en sloeg hij zichzelf met stenen. 6 Toen hij Jezus in de verte zag, rende hij op Hem af en wierp zich voor Hem neer, 7 en luid schreeuwend zei hij: 'Wat heb ik met Jou te maken, Jezus, Zoon van de allerhoogste God? Ik bezweer Je bij God: doe me geen pijn!' 8 Want Hij had tegen hem gezegd: 'Onreine geest, ga weg uit die man.' 9 Jezus vroeg hem: 'Wat is je naam?' En hij antwoordde: 'Legioen is mijn naam, want we zijn met velen.' 10 Hij smeekte Hem dringend om hen niet uit deze streek te verjagen. 11 Nu werd er op de berghelling een grote kudde varkens gehoed. 12 De onreine geesten smeekten Hem: 'Stuur ons naar die varkens, dan kunnen we bij ze intrekken.' 13 Hij stond hun dat toe. Toen de onreine geesten de man verlaten hadden, trokken ze in de varkens, en de kudde van wel tweeduizend stuks stormde de steile helling af, het meer in, en verdronk in het water. 14 De varkenshoeders sloegen op de vlucht en vertelden in de stad en in de dorpen wat ze hadden meegemaakt, en de mensen gingen kijken wat er gebeurd was. 15 Ze kwamen bij Jezus en zagen de bezetene daar zitten, gekleed en bij zijn volle verstand, dezelfde man die altijd bezeten was geweest door het legioen, en ze werden door schrik bevangen.

21. **Lukas 8:26-29** Ze voeren verder naar het gebied van de Gerasenen, dat tegenover Galilea ligt. 27 Toen Hij aan land

stapte, kwam Hem een man uit de stad tegemoet die door demonen bezeten was. Deze man droeg al geruime tijd geen kleren meer en woonde niet in een huis, maar in de rotsgraven. 28 Toen hij Jezus zag, viel hij schreeuwend voor Hem neer en riep luidkeels: 'Wat heb ik met Jou te maken, Jezus, Zoon van de allerhoogste God? Ik smeek Je, doe me geen pijn!' 29 Jezus had namelijk de onreine geest bevolen uit de man weg te gaan. Want die had hem al heel lang in zijn macht, en gewoonlijk werd de man voor de veiligheid aan handen en voeten geboeid, maar telkens trok hij de boeien kapot en werd hij door de demon naar eenzame plaatsen gedreven.

22. **Lukas 13:11** Er was daar ook een vrouw die al achttien jaar bezeten was door een geest die haar ziek maakte. Ze was helemaal krom en kon met geen mogelijkheid rechtop staan.

23. **Mattheüs 12:22** Toen bracht men iemand bij Hem die bezeten was; hij was blind en kon niet spreken. Jezus genas hem, zodat hij kon spreken en zien.

24. **Mattheüs 12:24** Maar de farizeeën die dit hoorden, zeiden tegen elkaar: 'Hij kan die demonen alleen maar uitdrijven dankzij Beëlzebul, de vorst der demonen.'

25. **Daniël 10:13** Maar de vorst van het Perzische koninkrijk heeft mij eenentwintig dagen tegengehouden voordat Michaël, een van de voornaamste vorsten, mij te hulp schoot toen ik daar, bij de koningen van Perzië, alleen stond.

26. **Efeziërs 6:10-12** Ten slotte, zoek uw kracht in de Heer, in de kracht van zijn macht. 11 Trek de wapenrusting van God aan om stand te kunnen houden tegen de listen van de duivel. 12 Onze strijd is niet gericht tegen mensen maar tegen hemelse vorsten, de heersers en de machthebbers van de duisternis, tegen de kwade geesten in de hemelsferen.

27. **Lukas 4:5-6** Toen bracht de duivel Hem naar een hoogge-
legen plaats en liet Hem in één ogenblik alle koninkrijken
van de wereld zien. 6 De duivel zei tegen Hem: 'Ik geef U de
macht over dat alles en ook de roem die ermee gepaard gaat,
want ik kan daarover beschikken en ik geef het aan wie ik
wil;

28. **Johannes 12:31** Nu wordt het oordeel over deze wereld ge-
veld, nu zal de heerser van deze wereld uitgebannen worden.

29. **2 Korintiërs 4:3-4** Wanneer er dan toch nog een sluier ligt
over het evangelie dat wij verkondigen, geldt dit alleen voor
hen die verloren gaan: 4 de ongelovigen, van wie de gedachten door de god van deze wereld zijn verblind, waardoor ze
het licht van het evangelie niet kunnen zien, de luister van
Christus, die het beeld van God is.

30. **1 Johannes 5:19** We weten dat wij uit God voortkomen, terwijl de hele wereld in de macht is van hem die het kwaad zelf
is.

31. **Efeziërs 2:1-2** U was dood door de misstappen en zonden 2 waarmee u voorheen de weg ging van de god van deze
wereld, de heerser over de machten in de lucht, de geest die
nu werkzaam is in hen die God ongehoorzaam zijn.

32. **Jozua 24:15** Als u daar niet toe bereid bent, kies dan nu wie
u wel wilt dienen: de goden van uw voorouders ten oosten
van de Eufraat of de goden van de Amorieten, van wie u nu
het land bewoont. Ikzelf en mijn familie zullen de HEER dienen.'

33. **2 Timotheüs 2:25-26** en zijn tegenstanders zachtmoedig
terechtwijzen. Dan brengt de Heer hen misschien tot inkeer,
zodat zij de waarheid leren kennen 26 en ontsnappen uit de
valstrik van de duivel, die hen levend heeft gevangen en hen
dwingt zijn wil te doen.

34. **Mattheüs 12:30** Wie niet met Mij is, is tegen Mij, en wie niet met Mij samenbrengt, drijft uiteen.

35. **1 Johannes 3:9-10** Wie uit God geboren is zondigt niet, want Gods zaad is blijvend in hem. Zo iemand kán zelfs niet zondigen, want hij is uit God geboren. 10 Hieraan is te zien wie kinderen van God en wie kinderen van de duivel zijn: wie niet rechtvaardig leeft, komt niet uit God voort. Hetzelfde geldt voor wie zijn broeder of zuster niet liefheeft.

36. **Handelingen 26:15-18** Ik vroeg: "Wie bent U, Heer?" De Heer antwoordde: "Ik ben Jezus, die jij vervolgt. 16 Maar kom nu overeind, sta op, want Ik ben aan je verschenen om je aan te stellen als mijn dienaar, opdat je bekend zult maken dat je Mij hebt gezien en zult getuigen van alles wat Ik je nog zal laten zien. 17 Ik zal je daarbij beschermen tegen je eigen volk, en tegen de andere volken waarheen Ik je zend 18 om hun de ogen te openen, zodat ze zich van de duisternis naar het licht keren, en van de macht van Satan naar God. Door in Mij te geloven zullen ze vergeving krijgen voor hun zonden, en samen met allen die Mij toebehoren zullen ze deel krijgen aan mijn koninkrijk."

37. **Openbaring 3:15-16** Ik weet wat u doet, hoe u niet koud bent en niet warm. Was u maar koud of warm! 16 Maar nu u lauw bent in plaats van warm of koud, zal Ik u uitspuwen.

38. **Lucas 8:12** Het zaad op de weg, dat zijn zij die geluisterd hebben, maar daarna komt de duivel en die graait het woord weg uit hun hart, om te voorkomen dat ze worden gered door te geloven.

39. **Judas 1:9** Zelfs de aartsengel Michaël waagde het niet de duivel te beschimpen en te veroordelen toen hij met hem twistte over het lichaam van Mozes. Hij zei alleen: 'Moge de Heer u straffen.'

40. **Deuteronomium 18:9-14** Wanneer u in het land komt dat de HEER, uw God, u geven zal, mag u de verfoeilijke praktijken van de volken daar niet navolgen. 10 Er mag bij u geen plaats zijn voor mensen die hun zoon of dochter als offer verbranden, en evenmin voor waarzeggers, toekomstvoorspellers, wichelaars, tovenaars, 11 bezweerders, en voor hen die geesten raadplegen of doden oproepen. 12 Want de HEER verafschuwt mensen die zulke dingen doen, en om die verfoeilijke praktijken verdrijft Hij deze volken voor u. 13 U moet volledig op de HEER, uw God, gericht zijn. 14 Ook al luisteren de volken in het land dat u in bezit zult nemen wel naar toekomstvoorspellers en waarzeggers, ú heeft de HEER, uw God, dat verboden.

41. **Jesaja 8:19** Wanneer men jullie vraagt om de geesten van doden te raadplegen en te luisteren naar het gefluister en gemompel van schimmen – elk volk raadpleegt toch zijn goden en vraagt de doden om raad voor de levenden?

42. **Jakobus 4:7** Onderwerp u dus aan God, en verzet u tegen de duivel, dan zal die van u wegvluchten.

43. **Efeziërs 6:13-18** Neem daarom de wapens van God op om weerstand te kunnen bieden op de dag van het kwaad, en goed voorbereid stand te kunnen houden. 14 Houd stand met de waarheid als gordel om uw heupen, de gerechtigheid als harnas om uw borst, 15 de inzet voor het evangelie van de vrede als sandalen aan uw voeten, 16 en draag daarbij het geloof als schild waarmee u alle brandende pijlen van hem die het kwaad zelf is kunt doven. 17 Draag de verlossing als helm en Gods woord als zwaard, dat u van de Geest ontvangt. 18 Laat u bij het bidden leiden door de Geest, iedere keer dat u bidt; blijf waakzaam en bid voortdurend voor alle heiligen.

44. **2 Thessalonicenzen 2:9-10** De komst van de wettelo-ze mens is het werk van Satan en gaat gepaard met groot machtsvertoon en valse tekenen en wonderen, 10 en allen die verloren zullen gaan, zal hij met zijn kwaadaardigheid verleiden. Want ze hebben de liefde voor de waarheid, die hen had kunnen redden, niet aanvaard.

45. **Openbaring 16:14** Dat zijn demonische geesten die teke-nen verrichten en eropuit gaan om alle koningen op aarde bijeen te brengen voor de strijd op de grote dag van de al-machtige God.

46. **Openbaring 19:20** Het beest werd gevangengenomen, sa-men met de valse profeet die in zijn bijzijn tekenen had ver-richt, waardoor hij iedereen had misleid die het merkteken van het beest droeg en zijn beeld aanbad. Levend werden ze in de vuurpoel met brandende zwavel gegooid.

47. **Openbaring 13:11-15** Toen zag ik een tweede beest, dat opkwam uit de aarde. Het had twee hoorns, net als een lam, en het sprak als een draak. 12 Voor de ogen van het eerste beest oefende het heel diens macht uit. Het dwong de aarde en alle mensen die erop leefden het eerste beest, dat van zijn dodelijke verwonding genezen was, te aanbidden. 13 Het verrichtte indrukwekkende tekenen, het liet voor de ogen van de mensen zelfs vuur uit de hemel neerdalen op de aar-de. 14 Het wist de mensen die op aarde leven te misleiden door de tekenen die het voor de ogen van het eerste beest kon verrichten. Het droeg hun op een beeld te maken voor het beest dat ondanks zijn steekwond toch leefde. 15 Het kreeg de macht om dat beeld leven in te blazen, zodat het beeld van het beest ook kon spreken en ervoor kon zorgen dat iedereen die het beeld niet aanbad, gedood zou worden.

48. **Openbaring 20:7-10** Wanneer de duizend jaar voorbij zijn, zal Satan uit zijn gevangenis worden losgelaten. 8 Dan gaat hij eropuit om de volken aan de vier hoeken van de aarde, Gog en Magog, te misleiden. Hij brengt hen voor de strijd bijeen, zo veel mensen als er zand is bij de zee. 9 Ze trekken op, over de hele breedte van de aarde, en omsingelen het kamp van de heiligen en de geliefde stad. Maar vuur daalt neer uit de hemel en verteert hen. 10 En de duivel, die hen misleidde, wordt in de poel van vuur en zwavel gegooid, bij het beest en de valse profeet. Daar zullen ze dag en nacht worden gepijnigd, tot in eeuwigheid.

49. **Mattheüs 25:41** Daarop zal Hij ook de groep aan zijn linkerzijde toespreken: "Jullie zijn vervloekt, verdwijn uit mijn ogen naar het eeuwige vuur dat bestemd is voor de duivel en zijn engelen.

50. **Spreuken 3:5-6** Vertrouw op de HEER met heel je hart, steun niet op eigen inzicht. 6 Denk aan Hem bij alles wat je doet, dan baant Hij voor jou de weg.

51. **Spreuken 4:10-13** Mijn zoon, luister, neem mijn woorden aan, ze vermeerderen de jaren van je leven. 11 Ik heb je de weg van de wijsheid gewezen, op rechte paden heb ik je gevoerd. 12 Je zult onbelemmerd voortgaan, nergens zul je struikelen, al ga je nog zo snel. 13 Laat mijn onderricht niet los, houd het vast, vergeet het nooit, het is je leven.

HOOFDSTUK 10
DE DOOP

De doop is een zichtbare uiting van de spirituele verandering die in ons hart plaatsvindt nadat we redding van de Heer Jezus Christus hebben ontvangen. Er is meestal een opeenvolging van gebeurtenissen die leiden tot de doop. Eerst komen we tot het besef dat we tegen God hebben gezondigd en Zijn vergeving nodig hebben. Vervolgens bekeren we ons, wat een doelbewuste keuze is om ons af te keren van de richting waarin ons leven zich beweegt en ons tot God te wenden. De volgende stap die we moeten nemen, is ons laten dopen (Mattheüs 3:6[1]; Lucas 3:3[2]).

De doop is een van de weinige geboden van de Heer aan Zijn volgelingen en heeft een diepe spirituele betekenis. Het is een openbaar teken van onze innerlijke bekering en bereidheid om God lief te hebben (Marcus 1:4[3]). De doop symboliseert de "dood", "begrafenis" en "opstanding" die we ervaren als discipelen van Jezus. Dit klinkt misschien morbide, maar de Bijbel legt dit proces uit als de wedergeboorte, letterlijk wedergeboren worden. In dit licht kunnen we zien dat de doop staat voor het 'sterven' van ons oude leven (onderdompeling in het water) en 'opgewekt' worden tot ons nieuwe leven in Christus (opkomen uit het water) (Romeinen 6:1-4[4]; Romeinen 7:4[5]).

Zonde en egoïsme zijn zo krachtig in ons verankerd, dat we het 'ter dood moeten brengen' om de nieuwheid van het leven te ontvangen die Jezus aanbiedt (2 Korintiërs 5:17[6]; Colossenzen 3:5[7]). Ook al ontvangen we een ander leven van God, betekent dit niet dat al onze keuzes vanaf dit punt perfect zullen zijn! Onze oude natuur – het deel van ons dat altijd met God zal botsen – zal bij ons zijn totdat we in de eeuwigheid bij de Heer zijn.

Nieuw leven is echter mogelijk! Wanneer we wedergeboren worden, geeft God ons dezelfde kracht die Jezus uit de dood heeft opgewekt – de kracht van God, de Heilige Geest (Handelingen 2:38[8]). We kunnen echt nieuwe gedachten, gevoelens, acties en woorden hebben, omdat de Heilige Geest nu in ons leeft als christenen. En we hebben Zijn kracht hard nodig in ons leven, omdat we constant zullen vechten tegen onze oude natuur, invloeden van buitenaf en de duivel. Zelfs Jezus werd gedoopt voordat hij door Satan in de woestijn werd verzocht (Marcus 1:9-13[9]).

Als we één worden met Jezus door de doop, zullen we de kracht en het verlangen ontwikkelen om het goede boven het kwade te kiezen, gehoorzaamheid boven rebellie en geestelijk leven boven de dood (Galaten 3:27[10]). We zullen een dieper bewustzijn krijgen, het vermogen om zonde te bestrijden en de wijsheid en kracht om afstand te doen van onze oude levensstijl. We zullen zelfs onze angst voor de dood kunnen verliezen (Hebreeën 2:10-15[11]).

Bovendien worden we "mede-erfgenamen" met Jezus, wat betekent dat al Gods beloften aan Christus nu aan ons toebehoren (Galaten 3:26-29[12]). Er is een nieuwe hoop voor ons, omdat we nu in staat zijn om een waardig leven hier op aarde te leiden. Omdat we "gekruisigd, begraven en opgewekt" zijn met Christus door de doop, verkrijgen we ook een toekomstige hoop dat we onze nieuwe opgewekte lichamen zullen ontvangen en voor altijd met Christus zullen leven nadat we sterven (Romeinen 6:5-7[13]; 1 Thessalonicenzen 5:10[14]).

Wij zijn familie

De Bijbel zegt dat als we Jezus in ons hart ontvangen en gedoopt worden, we nu de ware kinderen van God zijn, verbonden en geidentificeerd met Christus en Zijn Kerk. De doop verkondigt aan onze nieuwe familie - degenen die van Jezus houden - dat we willen dat ons leven verenigd wordt met het hunne (1 Korintiërs 12:13[15]; Efeziërs 4:1-6[16]). Dit woord verenigen in het Grieks betekent "binden" (kleven), "aankleven" (letterlijk, aan elkaar gelijmd); "samenvoegen"; of "intiem verbonden raken in een zielsverwante vriendschap". De kerk is nu onze echte familie, omdat een spirituele band nog dieper gaat dan een bloedband. Daarom kunnen we een andere christen ontmoeten van elke natie, stam of taal, en een connectie met hen voelen. In feite zegt Jezus dat alleen de mensen die de wil van Zijn Vader doen, Zijn legitieme familie zijn. Dit betekent dat we de eeuwigheid niet met onze biologische familie zullen doorbrengen, tenzij zij berouw hebben getoond en hun leven aan Jezus hebben toegewijd (Mattheüs 12:47-50[17]). Met andere woorden, het spirituele overtreft het fysieke, en de enige familie waarmee we de eeuwigheid in Gods aanwezigheid zullen doorbrengen, zijn andere authentieke discipelen van Christus (1 Thessalonicenzen 4:13-18[18]). Laat dit je inspireren om te bidden voor jouw onbekeerde familieleden en Jezus met hen te delen.

Water of besprenkelen?

Het oorspronkelijke Griekse woord voor dopen is "baptizo", wat letterlijk betekent "overweldigd maken (d.w.z. volledig nat); of "geheel bedekken met een vloeistof". Johannes de Doper doopte vaak mensen in de rivier de Jordaan, hij doopte waar veel water was (Johannes 3:23[19]). Toen Jezus, ons belangrijkste voorbeeld, werd gedoopt, zegt de Bijbel "Hij kwam uit het water" - wat betekent dat Hij volledig ondergedompeld was (Mattheüs 3:16-17[20]). Merk op dat God volledig tevreden was met Zijn Zoon tijdens deze gebeurtenis.

Veel kerken leren dat het besprenkelen van water op een persoon doop is, maar als dat zo was, had Johannes de Doper overal kunnen dopen. Het Griekse woord voor besprenkelen is inderdaad totaal anders dan het woord dat wordt gebruikt voor dopen. Het is het woord "rhantismos", dat het bloed beschreef dat op de tabernakel in de tempel van het Oude Testament werd gesprenkeld (Hebreeën 9:18-22[21]). (Het boek Hebreeën is van Griekse oorsprong, maar verwijst vaak terug naar het Oude Testament). Het "bloedbesprenkelings-/dierenoffer" werd echter afgeschaft toen Christus Zijn eigen bloed offerde voor de reiniging van Zijn volk en de vergeving van hun zonden (Hebreeën 10:11-18[22]).

Ten slotte geloven vele kerkgemeenschappen in de doop van baby's door besprenkeling. Toch zijn er geen Bijbelse verslagen van het dopen van een baby. Baby's of kinderen kunnen voor de gemeente worden gebracht om ze "toe te wijden" aan de Heer. De reden dat ze niet op zo'n jonge leeftijd worden gedoopt, is omdat de Bijbel ons vertelt dat we ons moeten bekeren en ons geloof in Christus moeten belijden voorafgaand aan de doop.

Dit impliceert een bepaald niveau van volwassenheid – wat we "een leeftijd van verantwoording" noemen, die meestal begint rond de leeftijd van 8-10 jaar, afhankelijk van het kind. Baby's worden geboren met een zondige natuur, dat is zeker, maar ze zijn niet in staat om te besluiten om gehoorzaam te zijn. Ze hebben ook niet de zelfbeheersing om niet te zondigen – of om berouw te tonen – totdat ze veel ouder zijn. Daarom staat de kinderdoop niet in de Bijbel.

Ik begrijp dat veel mensen die als baby besprenkeld zijn, of te ziek waren om ondergedompeld te worden bij hun doop, hun doop in hun hart accepteren. Ze bevestigen en erkennen hun doop wanneer ze catechismus- of bevestigingslessen volgen wanneer ze de leeftijd van verantwoording hebben bereikt. Ik wil geen controverse creëren.

Er zijn nog anderen die niet volledig ondergedompeld kunnen worden vanwege geografische of fysieke beperkingen. In dit geval zijn besprenkeld worden, gedeeltelijk ondergedompeld worden of water over je heen gegoten krijgen allemaal acceptabele methoden van dopen.

En om het helemaal duidelijk te maken, dopen is op geen enkele manier een voorwaarde voor redding. Verlossing is het gratis geschenk van God dat wordt aangeboden aan de zondaar die door geloof in Christus gelooft. Het punt is dat de doop een openbare belijdenis is van de toewijding van jouw hart aan Jezus. Hoe je ook gedoopt wordt, het belangrijkste is dat je gedoopt wordt.

Gehoorzaamheid is een teken van liefde

Als we de richtlijn van onze Heer volgen bij de doop, tonen we onze liefde voor Hem. Ik zie gehoorzaamheid graag als een manier om "Ja!" te zeggen tegen Jezus, net zoals een bruid "ja" zegt tegen haar toekomstige echtgenoot. We laten Jezus weten dat we volledig van Hem zijn en dat we ons oude leven willen afwerpen en onze nieuwe relatie met God willen omarmen. We hebben er altijd baat bij als we de Heer gehoorzamen op de manier die Hij ons opdraagt.

Jezus zegt ons om "ons kruis op te nemen en Hem te volgen" (Lucas 9:23-24[23]). Hij wil dat we Hem volledig toegewijd zijn - om "de Heer lief te hebben met heel je hart, verstand, ziel en kracht" (Deuteronomium 6:4-9[24]; Mattheüs 22:37-40[25]). Hij is verheugd als we ervoor kiezen om Hem lief te hebben en te gehoorzamen, ongeacht de gevolgen.

 *De doop is een andere mooie manier om onze toewijding aan Jezus te tonen*

-BIJBELVERZEN-

1. **Mattheüs 3:6** en ze lieten zich door hem dopen in de rivier de Jordaan, waarbij ze hun zonden beleden.

2. **Lucas 3:3** Daar ging Johannes in de omgeving van de Jordaan verkondigen dat de mensen zich moesten laten dopen en tot inkeer moesten komen, om vergeving van zonden te krijgen,

3. **Marcus 1:4** En zo is het gebeurd toen Johannes ging dopen in de woestijn en de mensen opriep tot inkeer te komen en zich te laten dopen, om vergeving van zonden te krijgen.

4. **Romeinen 6:1-4** Betekent dit nu dat we moeten blijven zondigen om de genade te laten toenemen? 2 Dat in geen geval. Hoe zouden wij, die dood zijn voor de zonde, nog in zonde kunnen leven? 3 Weet u niet dat wij die gedoopt zijn in Christus Jezus, zijn gedoopt in zijn dood? 4 We zijn door de doop in zijn dood met Hem begraven om, zoals Christus door de macht van de Vader uit de dood is opgewekt, een nieuw leven te leiden.

5. **Romeinen 7:4** Zo bent ook u, broeders en zusters, dood voor de wet dankzij de dood van Christus en behoort u nu een ander toe: Hem die uit de dood is opgewekt; zo kunnen wij vrucht dragen voor God

6. **2 Korintiërs 5:17** Daarom ook is iemand die één met Christus is, een nieuwe schepping. Het oude is voorbij, het nieuwe is gekomen.

7. **Colossenzen 3:5** Laat dus wat aards in u is afsterven: ontucht, zedeloosheid, hartstocht, lage begeerten en ook hebzucht – hebzucht is afgoderij –

8. **Handelingen 2:38** Petrus antwoordde: 'Kom tot inkeer en laat u allen dopen in de naam van Jezus Christus om vergeving te krijgen voor uw zonden. Dan zal de heilige Geest u geschonken worden,

9. **Marcus 1:9-13** In die tijd kwam ook Jezus daarheen, vanuit Nazaret, dat in Galilea ligt, en liet zich door Johannes dopen in de Jordaan. 10 Op het moment dat Hij uit het water omhoogkwam, zag Hij de hemel openscheuren en de Geest als een duif op zich neerdalen, 11 en er klonk een stem uit de hemel: 'Jij bent mijn geliefde Zoon, in Jou vind Ik vreugde.' 12 Meteen daarna dreef de Geest Hem de woestijn in. 13 Veertig dagen bleef Hij in de woestijn, waar Hij door Satan op de proef werd gesteld. Hij leefde er te midden van de wilde dieren, en engelen dienden Hem.

10. **Galaten 3:27** U allen die door de doop één met Christus bent geworden, hebt u met Christus omkleed.

11. **Hebreeën 2:10-15** Want om vele kinderen in zijn luister te laten delen achtte God, voor wie en door wie alles bestaat, het passend de grondlegger van hun redding door het lijden naar de uiteindelijke volmaaktheid te voeren. 11 Hij die heiligt en zij die geheiligd worden hebben een en dezelfde oorsprong, en daarom schaamt Hij zich er niet voor hen zijn broeders en zusters te noemen 12 wanneer Hij zegt: 'Ik zal uw naam bekendmaken aan mijn broeders en zusters, U loven in de kring van mijn volk.' 13 Zo zegt Hij ook: 'Ik zal steeds op Hem vertrouwen,' en verder: 'Hier sta Ik met de kinderen die God Mij gegeven heeft.' 14 Omdat die kinderen

mensen zijn van vlees en bloed, is de Zoon een mens geworden als zij, om door zijn dood definitief af te rekenen met de heerser over de dood, de duivel, 15 en zo allen te bevrijden die door hun angst voor de dood hun leven lang in slavernij verkeerden.

12. **Galaten 3:26-29** want door dit geloof bent u allen kinderen van God, in Christus Jezus. 27 U allen die door de doop één met Christus bent geworden, hebt u met Christus omkleed. 28 Er zijn geen Joden of Grieken meer, slaven of vrijen, mannen of vrouwen – u bent allen één in Christus Jezus. 29 En omdat u Christus toebehoort, bent u nakomelingen van Abraham, erfgenamen volgens de belofte.

13. **Romeinen6:5**-7 Als wij delen in zijn dood, zullen wij ook delen in zijn opstanding. 6 Immers, we weten dat ons oude bestaan met Hem gekruisigd is omdat er een einde moest komen aan ons zondige leven: we mochten niet langer slaven van de zonde zijn. 7 Wie gestorven is, is rechtens vrij van de zonde.

14. **1 Thessalonicenzen 5:10** Hij is voor ons gestorven opdat wij, of we nu op aarde zijn of gestorven zijn, samen met Hem zullen leven.

15. **1 Korintiërs 12:13** Wij zijn allen gedoopt in één Geest en zijn daardoor één lichaam geworden; of we nu Joden of Grieken zijn, slaven of vrije mensen, we zijn allen van één Geest doordrenkt.

16. **Efeziërs 4:1-6** Ik, die gevangenzit omwille van de Heer, vraag u dan ook dringend de weg te gaan die past bij de roeping die u hebt ontvangen: 2 wees altijd nederig, zachtmoedig en geduldig, en verdraag elkaar uit liefde. 3 Span u in om door de samenbindende kracht van de vrede de eenheid te bewaren

die de Geest u geeft: 4 één lichaam en één geest, zoals u één hoop hebt op grond van uw roeping, 5 één Heer, één geloof, één doop, 6 één God en Vader van allen, die boven allen, door allen en in allen is.

17. **Mattheüs 12:47-50** Iemand zei tegen Hem: 'Uw moeder en uw broers staan buiten, ze willen U spreken.' 48 Hij antwoordde: 'Wie is mijn moeder en wie zijn mijn broers?' 49 Hij maakte een gebaar naar zijn leerlingen en zei: 'Dat zijn mijn moeder en mijn broers. 50 Want ieder die de wil van mijn Vader in de hemel doet, is mijn broer en mijn zus en mijn moeder.'

18. **1 Thessalonicenzen 4:13-18** Broeders en zusters, wij willen u niet in het ongewisse laten over degenen die u ontvallen zijn, zodat u niet hoeft te treuren, zoals anderen, die geen hoop hebben. 14 Want als wij geloven dat Jezus is gestorven en is opgestaan, moeten wij ook geloven dat God door Jezus de doden bij zich zal halen, samen met Jezus zelf. 15 Wij zeggen u met een woord van de Heer: wij, die in leven blijven tot de komst van de Heer, zullen de doden in geen geval voorgaan. 16 Wanneer het signaal gegeven wordt, de aartsengel zijn stem verheft en de bazuin van God weerklinkt, zal de Heer zelf uit de hemel neerdalen. Dan zullen eerst de doden die Christus toebehoren opstaan, 17 en daarna zullen wij, die nog in leven zijn, samen met hen op de wolken worden weggevoerd en gaan we in de lucht de Heer tegemoet. Dan zullen we altijd bij Hem zijn. 18 Troost elkaar met deze woorden.

19. **Johannes 3:23** Johannes doopte toen ook, in Enon, dicht bij Salim, een waterrijk gebied. Daar kwamen de mensen naartoe om zich te laten dopen.

20. **Mattheüs 3:16-17** Zodra Jezus gedoopt was en uit het water omhoogkwam, opende de hemel zich voor Hem en zag Hij hoe de Geest van God als een duif op Hem neerdaalde. 17 En uit de hemel klonk een stem: 'Dit is mijn geliefde Zoon, in Hem vind Ik vreugde.'

21. **Hebreeën 9:18-22** Daarom is ook het eerste verbond niet zonder bloed ingewijd. 19 Want nadat Mozes alle voorschriften van de wet aan heel het volk had voorgelezen, nam hij het bloed van jonge stieren en bokken, water, karmozijnrode wol en majoraan, en besprenkelde zowel het boek zelf als heel het volk, 20 en verklaarde: 'Dit is het bloed van het verbond dat God aan u heeft opgelegd.' 21 Vervolgens besprenkelde hij op dezelfde manier de tabernakel en alle voor de eredienst benodigde voorwerpen met het bloed. 22 Volgens de wet wordt inderdaad vrijwel alles met bloed gereinigd, want als er geen bloed wordt uitgegoten, vindt er geen vergeving plaats.

22. **Hebreeën 10:11-18** De priesters blijven dagelijks hun dienst verrichten en steeds opnieuw dezelfde offers opdragen, die de zonden nooit kunnen wegnemen, 12 terwijl Hij, na zijn eenmalig offer voor de zonden, voorgoed zijn plaats aan Gods rechterhand heeft ingenomen, 13 waar Hij wacht tot van zijn vijanden een bank voor zijn voeten is gemaakt. 14 Door deze ene offergave heeft Hij hen die zich door Hem laten heiligen voorgoed tot volmaaktheid gebracht. 15 Hiervan legt ook de heilige Geest voor ons getuigenis af, want nadat Hij gezegd heeft: 16 'Dit is het verbond dat Ik in de toekomst met hen zal sluiten,' spreekt de Heer: 'In hun hart zal Ik mijn wetten leggen, in hun verstand zal Ik ze neerschrijven, 17 en aan hun zonden en hun wetteloosheid zal Ik niet meer denken.' 18 Waar dat alles vergeven is, daar is geen offer voor de zonde meer nodig.

23. **Lucas 9:23-24** Tegen allen zei Hij: 'Wie achter Mij aan wil komen, moet zichzelf verloochenen en dagelijks zijn kruis op zich nemen en Mij volgen. 24 Want ieder die zijn leven wil behouden, zal het verliezen; maar wie zijn leven verliest omwille van Mij, zal het behouden.

24. **Deuteronomium 6:4-9** Luister, Israël: de HEER, onze God, de HEER is de enige! 5 Heb de HEER, uw God, lief met heel uw hart en met heel uw ziel en met heel uw kracht. 6 Houd de geboden die ik u vandaag opleg steeds in gedachten. 7 Prent ze uw kinderen in en spreek er steeds over, thuis en onderweg, als u naar bed gaat en als u opstaat. 8 Draag ze als een teken om uw arm en als een band op uw voorhoofd. 9 Schrijf ze op de deurposten van uw huis en op de poorten van de stad.

25. **Mattheüs 22:37-40** Hij antwoordde: 'Heb de Heer, uw God, lief met heel uw hart en met heel uw ziel en met heel uw verstand. 38 Dat is het grootste en eerste gebod. 39 Het tweede is daaraan gelijk: heb uw naaste lief als uzelf. 40 Deze twee geboden zijn de grondslag van alles wat er in de Wet en de Profeten staat.'

DE TIENDEN

Geld is waarschijnlijk een van de moeilijkste onderwerpen om over te praten. Het creëert meer angst dan bijna elk ander onderwerp. Geld staat vrijwel bovenaan de lijst van onderwerpen waar mensen over discussiëren. Het heeft talloze relaties verwoest. Dus als God ons vraagt om tienden te geven - om Hem een deel van onze financiën terug te geven - verzinnen we natuurlijk excuses en worden we defensief! Waarom roept geld zulke diepe emoties in ons op?

Jezus sprak bijna vaker over geld dan over enig ander onderwerp in de Bijbel. Hij wist dat we het moeilijk zouden vinden om ons geld te delen, te geven, te beheren en het aan Hem te toe te vertrouwen en te delen met anderen die minder fortuinlijk zijn dan wij. Dit komt omdat geld ons bloed, zweet en tranen vertegenwoordigt. Het is inderdaad een weerspiegeling van het zwoegen om in ons levensonderhoud te voorzien.

Geld stelt ons in staat om comfortabeler te leven. Het kan ons een gevoel van veiligheid geven. Maar het kan ook worden misbruikt en overgewaardeerd. Elke keer dat we onze eigenwaarde koppelen aan onze bezittingen, zijn we in gevaar, omdat geld zo onvoorspelbaar is. We kunnen onze rijkdom in een oogwenk verliezen - door ziekte, verwonding of een ramp.

En dat is precies waarom God ons vraagt om Hem een deel van onze financiën te geven. HIJ wil onze troost en onze zekerheid worden, omdat Hij weet dat Hij de enige is die absoluut stabiel is in het universum. Alles behalve God zal veranderen. En belangrijker nog, Hij wil degene zijn die echte waarde aan ons leven geeft.

Wat is een tiende?

Het woord tiende betekent "een tiende deel". Het is een Bijbelse richtlijn die al vroeg in het Oude Testament begon (Genesis 28:22[1]). God Zelf stelde de tiende in zodat Zijn volk hun dankbaarheid zouden kunnen tonen voor alles wat Hij voor hen had gedaan (Numeri 18:25-29[2]). De Israëlieten moesten Hem een deel teruggeven van wat Hij hen al had gegeven, zodat ze zouden begrijpen dat ze niet zelfvoorzienend waren.

Het geven van een tiende van hun beste werk en product aan de Heer was ook een manier om te voorkomen dat het volk trots en egoïstisch zou worden. Het leerde hen om God te respecteren, omdat Hij letterlijk de hemel en de aarde bezit en daarom verdient Hij het om geëerd te worden (Deuteronomium 14:22-23[3]; Leviticus 27:30[4]).

Zo is de tiende ons vandaag de dag op veel manieren van nut. De waarheid is dat God ons geld niet nodig heeft! Maar wanneer we Hem liefdevol geven wat we liever zouden willen vasthouden en hamsteren, laten we de ijzeren vuist op onze financiën loslaten. Wanneer we tienden geven, erkennen we in dat alles wat we hebben van God komt, dat we vertrouwen op Zijn voorziening en dat we beseffen dat Hij de beste "oogst" van ons leven verdient.

Maar ik WIL het niet!

Ik heb gesproken met mensen die naar de kerk gaan, de Bijbel lezen en bidden – MAAR – ze weigeren om tienden te geven. De echte houding achter deze rebellie tegenover God is trots, angst en/of hebzucht. Mensen zeggen: "Ik heb niet genoeg geld om van te leven – hoe moet ik God dan geld geven"? Ze roepen uit: "Ik heb dit geld verdiend en ik ga het zeker niet weggooien aan de armen of aan de kerk"! Of ze zeggen: "Tienden geven is een ritueel uit het Oude Testament en heeft niets te maken met mijn huidige omstandigheden".

Dit zijn echter gewoon excuses om niet te doen wat God hen heeft gevraagd te doen. De Bijbel is duidelijk over de consequenties van gehoorzaamheid en ongehoorzaamheid – we oogsten een positief of negatief resultaat van onze keuzes. Vergis je niet – God heeft veel te zeggen over de hebzuchtige persoon (Efeziërs 5:5[5]; Colossenzen 3:5[6]; 2 Timotheüs 3:1-5[7]). In feite staat hebzucht op één lijn met moord en haat (Romeinen 1:29-32[8])!

Bovendien realiseren mensen die weigeren om tienden te geven zich niet dat het werkelijk een vreugde en een vrijheid is om God te geven wat Hij rechtmatig bezit en verdient. Veel van de angst die we ervaren om onze financiën te verliezen of verkeerd te beheren, neemt af wanneer we ons geld beheren volgens Gods ontwerp.

Tienden en offers

Jezus Zelf zegt ons om tienden te geven (Mattheüs 23:23[9]). Het enige verschil tussen de tienden in het Oude en Nieuwe Testament is dat ons geven niet zozeer gaat om "de tiende" van ons geld, maar om "een deel" van ons geld. Als je veel hebt, geef je veel. Als je weinig hebt, geef je minder (2 Korintiërs 8:1-15[10]). Jouw tienden kunnen een wekelijkse of maandelijkse gewoonte zijn, zoals je wilt.

Bovendien is het niet alleen bijbels om tienden te geven, maar het is ook logisch. De kerk en haar werkers hebben financiën nodig om te kunnen functioneren! Bovendien is het Gods plan dat Zijn volk voorziet in degenen die dienen en werken voor Zijn Koninkrijk (1 Korintiërs 9:13-14[11]; Galaten 6:6[12]).

Persoonlijk is de belangrijkste reden dat ik tienden geef, omdat ik van Jezus houd. Het is mijn eer en voorrecht om Hem terug te geven wat Hij mij zo gul heeft gegeven - wat veel meer is dan materiële zegeningen. Bovendien vertelt de Bijbel ons dat de houding waarin we geven net zo belangrijk is voor God als het geld zelf (2 Korintiërs 9:5-15[13]). God heeft plezier in een blijmoedige gever!

Een offer is een geschenk dat los staat van de tienden worden gegeven. Het kan worden gegeven op elk moment dat er een extra behoefte is in de kerk, of wanneer de Heer je aanstuurt om iemand te helpen. Dit is het extra geld dat ik geef aan zendelingen, aan de armen en aan andere gelovigen die het misschien moeilijk hebben (Deuteronomium 16:9-10[14]).

Naarmate ik God meer vertrouw, word ik steeds vrijgeviger. En Hij heeft me nooit teleurgesteld. Ik heb enorme voordelen genoten door God liefdevol te gehoorzamen in deze kwestie. Vreugde, vrede en voldoening zal ik ervaren wanneer ik mijn controle over mijn financiën loslaat. Ik "geef niet om te krijgen", maar in Gods economie zullen we zeker iets goeds oogsten wanneer we het leven leiden zoals Hij dat wil.

De kern van de zaak is dit: onze tienden en offers moeten worden gegeven in een geest van liefde en zorg, om de Heer echt te eren. De waarheid is dat Hij ons geld niet wil als het met tegenzin of uit verplichting wordt gegeven (Lucas 11:42[15]). En Hij wil onze "restjes" niet - Hij wil het beste wat we kunnen geven (Deuteronomium 17:1[16]).

Gods principes van geven en ontvangen

De Bijbel vertelt ons dat Gods wegen en gedachten ver boven de onze staan (Jesaja 55:8-9[17]). Zijn moraal en waarden zijn zuiver. Daarom lijkt Zijn manier van doen vaak zo in strijd met wat wij denken dat juist is (Spreuken 16:25[18]). Nergens zien we dit duidelijker dan in ons geven. Wanneer God ons vraagt om te geven, vooral wanneer het lijkt alsof we niets te geven hebben, kan het soms volkomen dwaas aanvoelen! Maar alleen wanneer we Zijn leiding volgen, zullen we deze gekke "vreugde" ervaren die we volgens de Bijbel zullen ervaren als onzelfzuchtig geven (Handelingen 20:33-35[19]).

Ons "hart" - onze kern - bepaalt wat we zeggen, doen en denken. Jezus zegt "Wat je zegt, vloeit voort uit wat in je hart is" (Lukas

6:45[20]). Zo wordt duidelijk wat onze werkelijke intenties zijn wanneer we anderen onzelfzuchtig helpen en God eren. De motivatie van ons hart is het belangrijkste aspect van ons leven, en het is waar onze Heer het meest om geeft (Spreuken 4:23[21]; Mattheüs 15:16-20[22]).

Ik zeg vaak: "Als je het op Gods manier doet, zul je Gods resultaten krijgen. Als je het op jouw manier doet, zul je jouw resultaten krijgen". Ik heb talloze keren ontdekt dat de uitkomst van "mijn wegen" me heeft teleurgesteld! Er zijn ontelbare mensen die vreugde, vrede en tevredenheid hebben ervaren, omdat ze zich bewust van hun eigen wegen hebben afgekeerd en ervoor hebben gekozen de leiding van de Heer te volgen.

Wanneer we God volledig liefhebben en vertrouwen, zullen we Hem van nature gehoorzamen en Hem dienen door anderen te dienen. Wanneer we gul worden met onze tijd, talent en schatten, zullen we grote vreugde en gunst ervaren (Psalm 112[23]). Dit betekent echter niet dat we rijk zullen worden als we gul zijn! Onze focus zal echter veranderen van egocentrisch naar het op anderen gericht zijn.

Vaak ontvangen we vrede en voldoening als beloning voor het weggeven van onszelf. En onderschat de enorme kracht van onze hemelse beloning niet, want het zal prachtiger zijn dan alles wat we ons kunnen voorstellen! Deze genereuze manier van leven is Gods plan voor ons, en Hij zal een leven als dit eren (Lukas 6:38[24]).

Gierig zijn met ons geld brengt niets dan hartzeer (Spreuken 1:19[25]; 2 Petrus 2:19[26]). Je hebt waarschijnlijk wel eens het gezegde gehoord dat geld slecht is, maar de Bijbel zegt eigenlijk: "De liefde voor geld is de wortel van alle kwaad" (Prediker 5:9-10; 1 Timotheus 6:6-10[28]). Geld zelf is neutraal, maar de begerigheid er naar, is wat het zo gevaarlijk en schadelijk kan maken. Dit is het soort slavernij dat God wil dat we vermijden. God is inderdaad een gever, en Hij houdt ervan als we vrijgevig zijn met onszelf en onze financiën.

*Er is grote vrijheid en vreugde
in het zijn van een vrolijke
en gulle gever!*

-BIJBELVERZEN-

1. **Genesis 28:22** De steen die ik gewijd heb, zal dan een huis van God worden – en ik beloof dat ik U dan een tiende deel zal afstaan van alles wat U mij geeft.'

2. **Numeri 18:25-29** De HEER zei tegen Mozes: 26 'Zeg tegen de Levieten: "Wanneer jullie van de Israëlieten de tienden in ontvangst nemen, die Ik jullie in bezit geef, moeten jullie van die tienden een tiende aan de HEER afdragen. 27 Dat wordt dan beschouwd als jullie bijdrage, alsof het graan was van jullie dorsvloer en wijn en olijfolie uit jullie perskuip. 28 Ook jullie moeten dus van alle tienden die je van de Israëlieten ontvangt, een vast deel aan de HEER afstaan en aan de priester Aäron geven. 29 Houd van alles wat je geschonken wordt een deel apart als bijdrage voor de HEER, het beste deel, als een heilige gave."

3. **Deuteronomium 14:22-23** Ieder jaar moet u het tiende deel van de opbrengst van uw akkers afdragen. 23 Van de tienden van uw graan, wijn en olie en uw eerstgeboren runderen, schapen en geiten moet u een feestmaal aanrichten ten overstaan van de HEER, uw God, op de plaats die Hij zal uitkiezen om er zijn naam te laten wonen. Zo leert u steeds opnieuw te leven in ontzag voor de HEER, uw God.

4. **Leviticus 27:30** Van de opbrengst van het land, zowel de gewassen op de akkers als de vruchten aan de bomen, is een tiende als heilige gave voor de HEER bestemd.

5. **Efeziërs 5:5** Want u moet goed weten dat iemand die in ontucht leeft, zedeloos of hebzuchtig is – dat is allemaal afgoderij – geen deel kan hebben aan het koninkrijk van Christus en van God.

6. **Colossenzen 3:5** Laat dus wat aards in u is afsterven: ontucht, zedeloosheid, hartstocht, lage begeerten en ook hebzucht – hebzucht is afgoderij –

7. **2 Timotheüs 3:1-5** Weet dat de laatste dagen zwaar zullen zijn. 2 De mensen zullen egoïstisch zijn, geldzuchtig, zelfingenomen en arrogant. Ze zullen God lasteren, geen ontzag tonen voor hun ouders, ondankbaar zijn en niets heilig achten. 3 Ze zullen harteloos zijn, onverzoenlijk, lasterziek, onbeheerst en wreed. Ze zullen het goede haten 4 en onbetrouwbaar, roekeloos en verblind zijn. Het genot zullen ze meer liefhebben dan God, 5 ze zullen de schijn van vroomheid ophouden, maar de kracht ervan miskennen. Keer je af van zulke lieden.

8. **Romeinen 1:29-32** Ze zijn door en door onrechtvaardig en boosaardig, hebzuchtig en slecht. Ze zijn door en door afgunstig, moordzuchtig en twistziek, doortrapt en kwaadaardig. Ze roddelen 30 en spreken kwaad, haten God, zijn hoogmoedig, arrogant en zelfingenomen. Ze zijn vindingrijk in het kwaad, tonen geen ontzag voor hun ouders, 31 zijn kortzichtig en trouweloos, liefdeloos en onbarmhartig. 32 En hoewel ze het vonnis van God kennen en weten dat mensen die dergelijke dingen doen de dood verdienen, doen ze dit alles toch. Sterker nog, ze juichen het zelfs toe dat anderen het ook doen.

9. **Mattheüs 23:23** Wee jullie, schriftgeleerden en farizeeën, huichelaars, jullie geven tienden van munt, dille en komijn,

maar veronachtzamen wat in de wet zwaarder weegt: recht, barmhartigheid en trouw, terwijl men het een zou moeten doen zonder het andere te laten.

10. **2 Korintiërs 8:1-15** Broeders en zusters, wij willen u niet onthouden wat Gods genade tot stand heeft gebracht in de gemeenten van Macedonië: 2 ze zijn door ellende zwaar op de proef gesteld maar zijn toch, vervuld van een overstelpende vreugde en ondanks hun grote armoede, zeer vrijgevig. 3 Ik verzeker u dat ze naar vermogen hebben gegeven, ja zelfs boven hun vermogen. 4 Uit eigen beweging hebben ze ons dringend verzocht mee te mogen doen aan de collecte om de heiligen in Jeruzalem te ondersteunen. 5 En ze gaven aanzienlijk meer dan we hadden verwacht: door Gods wil gaven ze zichzelf in de eerste plaats aan de Heer, en vervolgens ook aan ons. 6 We hebben er dan ook bij Titus op aangedrongen dat hij dit goede werk, waarmee hij al bij u begonnen is, voltooit. 7 U blinkt in alles uit: in geloof, in kennis en welsprekendheid, in inzet op elk gebied, in de liefde die wij in u hebben gewekt – blink dus ook uit in dit goede werk. 8 Ik zeg dit niet als een bevel; door op de inzet van anderen te wijzen wil ik nagaan of uw liefde oprecht is. 9 Tenslotte kent u de liefde die onze Heer Jezus Christus heeft gegeven: Hij was rijk, maar is omwille van u arm geworden opdat u door zijn armoede rijk zou worden. 10 In uw eigen belang raad ik u het volgende aan. U hebt al een jaar geleden een begin gemaakt met de collecte, en bovendien toonde u dat u graag wilt meedoen. 11 Rond deze nu dan ook af met dezelfde bereidwilligheid als waarmee u begon, en geef daarbij naar vermogen. 12 Als u namelijk bereidwillig geeft van wat u hebt, worden uw gaven met vreugde aanvaard; u hoeft niet te geven van wat u niet hebt. 13 Het is niet de be-

doeling dat u door anderen te helpen zelf in moeilijkheden raakt. Er moet evenwicht zijn. 14 Op dit moment lenigt u met uw overvloed de nood van de heiligen in Jeruzalem, zodat zij later met hun overvloed uw nood kunnen lenigen. Zo is er evenwicht, 15 zoals ook geschreven staat: 'Hij die meer had, had niet te veel; hij die minder had, had niet te weinig.'

11. **1 Korintiërs 9:13-14** U weet toch dat wie in de tempel dienstdoen daarvan leven, en dat wie aan het altaar dienen een deel van het offervlees krijgen? 14 Voor hen die het evangelie bekendmaken geldt hetzelfde: de Heer heeft bepaald dat zij door te verkondigen in hun levensonderhoud mogen voorzien.

12. **Galaten 6:6** Wie onderwezen wordt in het evangelie, moet al het goede dat hij bezit met zijn leermeester delen.

13. **2 Korintiërs 9:5-15** Dus daarom vond ik het nodig de broeders te vragen vooruit te gaan. Dan kunnen ze de gift die u al hebt toegezegd nog voor mijn komst inzamelen, zodat deze niet hoeft te worden bijeengeschraapt wanneer ik aankom, maar als een gulle gave klaarligt. 6 Bedenk dit: wie karig zaait, zal karig oogsten; wie overvloedig zaait, zal overvloedig oogsten. 7 Laat ieder zo veel geven als hij zelf besloten heeft, zonder tegenzin of dwang, want God heeft lief wie blijmoedig geeft. 8 God heeft de macht u te overstelpen met al zijn gaven, zodat u altijd en in alle opzichten voldoende voor uzelf hebt en ook nog ruimschoots kunt bijdragen aan allerlei goed werk. 9 Zo staat er geschreven: 'Gul deelt hij uit aan de armen, zijn rechtvaardigheid houdt stand, voor altijd.' 10 God, die zaad geeft om te zaaien en brood om te eten, zal ook u zaad geven en het laten ontkiemen, zodat uw vrijgevigheid een rijke oogst opbrengt. 11 U bent in ieder opzicht rijk geworden om in alles vrijgevig te kunnen zijn, en uw vrijgevigheid leidt door onze bemiddeling tot dankze-

gging aan God. 12 Uw bijdrage aan de collecte heft immers niet alleen het gebrek van de heiligen in Jeruzalem op, maar leidt er bovendien toe dat ze God uitbundig danken. 13 Ze prijzen God omdat u er blijk van geeft gehoorzaam te zijn aan het evangelie van Christus, wat u bewijst door de ruimhartigheid waarmee u met hen en alle anderen wilt delen. 14 In hun gebed voor u spreken ze hun verlangen naar u uit, omdat ze zien hoe overvloedig de genade is die God u heeft bewezen. 15 Laten we God danken voor zijn onbeschrijfelijk geschenk.

14. **Deuteronomium 16:9-10** Zeven weken moet u aftellen: zeven weken nadat de eerste sikkel in het koren is gezet 10 moet u voor de HEER, uw God, het Wekenfeest vieren, zo uitbundig als uw vrijwillige gaven het toelaten, naar de mate waarin de HEER, uw God, u zegent.

15. **Lucas 11:42** Maar wee jullie farizeeën, want jullie geven tienden van munt, wijnruit en andere kruiden, maar gaan voorbij aan de gerechtigheid en de liefde tot God; je zou het een moeten doen zonder het andere te laten.

16. **Deuteronomium 17:1** Ook mag u Hem geen rund, schaap of geit met een of ander gebrek offeren, want ook daarvan heeft Hij een afschuw.

17. **Jesaja 55:8-9** Mijn plannen zijn niet jullie plannen, en jullie wegen zijn niet mijn wegen – spreekt de HEER. 9 Want zo hoog als de hemel is boven de aarde, zo ver gaan mijn wegen jullie wegen te boven, en mijn plannen jullie plannen.

18. **Spreuken 16:25** Soms denkt een mens de juiste weg te gaan, terwijl die eindigt bij de dood.

19. **Handelingen 20:33-35** Geld of kleding heb ik van niemand verlangd; 34 u weet wel dat ik eigenhandig heb voorzien in mijn levensonderhoud en dat van mijn metgezellen. 35 In

alles heb ik u getoond dat u de zwakken zo, door hard te werken, moet steunen, indachtig de woorden van de Heer Jezus,
die immers gezegd heeft: "Geven maakt gelukkiger dan ontvangen."'

20. **Lukas 6:45** Een goed mens brengt uit de goede schatkamer
van zijn hart het goede voort, maar een slecht mens brengt
uit zijn slechte schatkamer het kwade voort; want waar het
hart vol van is, daar loopt de mond van over.

21. **Spreuken 4:23** Van alles waarover je waakt, waak vooral
over je hart, het is de bron van je leven.

22. **Mattheüs 15:16-20** Jezus zei: 'Begrijpen ook jullie het dan
nog steeds niet? 17 Zien jullie dan niet in dat alles wat de
mond in gaat in de maag terechtkomt en in de beerput weer
verdwijnt? 18 Wat daarentegen de mond uit gaat komt uit
het hart, en die dingen maken een mens onrein. 19 Want uit
het hart komen boze gedachten, moord, overspel, ontucht,
diefstal, valse getuigenissen en laster. 20 Dát maakt een
mens onrein, niet eten met ongewassen handen.'

23. **Psalm 112** Halleluja! Gelukkig de mens die ontzag heeft
voor de HEER en grote liefde voor zijn geboden. 2 Zijn nageslacht geniet aanzien in het hele land, de oprechten worden
gezegend. 3 Rijkdom en weelde bewonen zijn huis, en zijn
rechtvaardigheid houdt stand, voor altijd. 4 Hij straalt voor
de oprechten als licht in het duister, genadig, liefdevol en
rechtvaardig. 5 Goed gaat het wie genadig is en vrijgevig, wie
zijn zaken eerlijk behartigt. 6 De rechtvaardige komt nooit
ten val, men zal hem eeuwig gedenken. 7 Voor slechte tijding
vreest hij niet, zijn hart is gerust: hij vertrouwt op de HEER.
8 Standvastig is zijn hart en zonder vrees. Aan het eind ziet
hij zijn vijanden verslagen. 9 Gul deelt hij uit aan de armen,
zijn rechtvaardigheid houdt stand, voor altijd, hij zal stijgen

in aanzien en eer. 10 Kwaadwilligen zien het met ergernis aan, ze verbijten zich en verliezen de moed, al hun plannen gaan op in rook.

24. **Lukas 6:38** Geef, dan zal je gegeven worden; een goede, stevig aangedrukte, goed geschudde en overvolle maat zal je worden toebedeeld. Want de maat die je voor anderen gebruikt, zal ook voor jullie worden gebruikt.'

25. **Spreuken 1:19** Dat is het lot van allen die uit zijn op roof: ze bekopen het met de dood.

26. **2 Petrus 2:19** Ze beloven vrijheid, maar zijn zelf slaven van het verderf, want waar men door beheerst wordt, daarvan is men slaaf.

27. **Prediker 5:9-10** Wie van geld houdt, kan er niet genoeg van krijgen. Wie verzot op rijkdom is, is altijd op meer gewin belust. Ook dat is enkel leegte. 10 Maar hoe groter iemands kapitaal is, des te groter ook het aantal mensen dat het komt verbrassen. Wat heeft de eigenaar hierbij te winnen? Hij kan alleen maar toekijken.

28. **1 Timotheüs 6:6-10** Maar voor wie tevreden is met wat hij heeft, is het geloof grote winst. 7 Wij hebben niets in deze wereld meegebracht en kunnen er ook niets uit meenemen. 8 Wij hebben voedsel en kleren, laten we daar tevreden mee zijn. 9 Wie rijk wil worden, staat bloot aan verleiding, raakt in een valstrik en valt ten prooi aan allerlei dwaze en schadelijke begeerten die een mens in het verderf storten en ten onder doen gaan. 10 Want de wortel van alle kwaad is geldzucht. Door zich daaraan over te geven zijn sommigen van het geloof afgedwaald en hebben ze zichzelf veel leed berokkend.

GEMEENSCHAP

De meeste mensen kennen het woord "communie" en denken er misschien aan als iets dat "in de kerk wordt gedaan" met een hostie en wat wijn of druivensap. Dit is een nauwkeurige beschrijving. Maar de spirituele betekenis van de communie is een heel mooi beeld van God die Zijn karakter geeft aan degenen die redding hebben ontvangen van Jezus Christus.

Het woord communie komt van het Griekse woord *koinonia*, wat "gemeenschappelijk delen" betekent. Dit kan het delen van gedachten, gevoelens of gebruiken betekenen. Het woord communie komt alleen voor in de King James Version van de Bijbel en slechts 4 keer in het Nieuwe Testament. Koinonia kan ook worden vertaald als "gemeenschap", "partnerschap" of "deelnemer" (iemand die deelneemt, deelt of meedoet).

Bijbelse communie

Het Nieuwe Testament leert dat Jezus Zijn discipelen opdroeg om regelmatig de communie te houden (1 Korintiërs 11:23-26[1]). Op de avond dat Hij werd verraden - vlak voor Zijn kruisiging - sprak Hij de blijvende woorden waarmee Hij wilde dat Zijn volgelingen Hem zouden herinneren. De maaltijd die Jezus met hen deelde, wordt "Het Laatste Avondmaal" genoemd, omdat het de laatste maaltijd was die Hij met hen at. Tegen het einde van het avondmaal brak Jezus het brood en bood het en de wijn aan Zijn geliefde vrienden aan.

Hij legde uit dat het brood symbolisch was voor Zijn lichaam dat aan het kruis gebroken zou worden, toen Hij de zonde van de wereld op Zich nam. De beker moest een symbool zijn van Zijn bloed dat voor hen en voor de toekomstige generaties van Zijn volgelingen vergoten zou worden. Zijn bloed werd vergoten om ons te vergeven, ons te reinigen en ons te wassen van onze zonden.

De communie wordt ook wel "Het Avondmaal" genoemd (Handelingen 2:42-47[2]). Jezus instrueerde deze mannen om het brood en de wijn te blijven delen na Zijn dood, wanneer ze samenkwamen (Lucas 22:14-20[3]). Hij zei dat wanneer ze de elementen (brood en wijn) ontvingen, het een herinnering moest zijn aan Zijn offer, dat het "Nieuwe Verbond" vestigde.

Het "Nieuwe Verbond" werd voorspeld in het Oude Testament honderden jaren voordat Christus kwam. Dit verbond, of deze belofte, is Jezus' eenmalige bloedoffer voor de vergeving van zonden. Terwijl wij vergeven en gered worden door de Heer Jezus, vervolmaakt Zijn Heilige Geest onze eigen gemeenschap, of relatie, met God (Jeremia 31:33-34[4]; 2 Korintiërs 3:3-11[5]).

Bedenk dat het Oude Verbond het systeem van offerande was van bloed van stieren en lammeren, en dat dit dag na dag, jaar na jaar moest worden uitgevoerd. Dit hele systeem was echter slechts een voorbode van Christus' Glorieuze Offer – Zijn eigen dood, zodat mensen die ervoor kozen om in Hem te geloven, vergeven en verzoend konden worden met God. Met de komst van onze Heer was het oude systeem niet langer nodig en werd het afgeschaft.

Het Pascha maal

Het is heel interessant dat Jezus de communie "Het Pascha maal" noemde in Lucas 22:15[6]. Het Pascha in het Oude Testament vond eeuwen voor de geboorte van Jezus plaats. Het verhaal vertelt over de Joden die op het punt stonden Egypte te verlaten, waar ze 400 jaar lang in slavernij waren geweest. God stond echter op het punt hen te bevrijden en naar het "Beloofde Land" te brengen. Dit is het land Israël en het omliggende gebied vandaag de dag.

Overigens vind ik het mooi om dit verhaal over de bevrijding van de Joden uit slavernij te relateren aan de vrijheid die wij ontvangen wanneer we Jezus' betaling voor onze zonden accepteren. En net zoals zij hun Beloofde Land binnenkwamen, geloof ik dat voor de Christen het "Beloofde Land" een intieme relatie met God nu is, evenals ons toekomstige leven met Hem in de eeuwigheid.

Het Pascha verhaal vertelt ons dat Farao, de koning van Egypte, niet wilde om zijn Hebreeuwse slaven te laten gaan. God greep in door de ene na de andere plaag te sturen om hem te dwingen de Joden van zijn heerschappij te bevrijden. De laatste tegenslag die God toebracht was die van de Engel des Doods. De Engel werd gestuurd om elke eerstgeboren zoon en elk mannelijk dier in de regio te doden (Exodus 12:11-13[7]). Het is interessant dat het boek Exodus zo genoemd omdat het "verlaten" betekent.

God wilde zijn eigen volk beschermen, dus gaf Hij de Israëlieten de opdracht om een lam te slachten en het bloed ervan op de deurpost van hun huis te schilderen. Als de Engel des Doods de huizen naderde die "beschilderd" waren, zou hij de eerstgeboren zoon en het dier van dat huis "overslaan", of sparen. Vandaar de naam "Pascha".

Bovendien moesten de Joden een maaltijd van lam en brood eten voordat ze aan hun reis begonnen. Het brood moest ongezuurd zijn (wat betekent dat er geen gist aan het brood werd toegevoegd), omdat ze geen tijd hadden om te wachten tot het was gerezen. Ze moesten voorbereid zijn om op elk moment te vertrekken.

Dit alles is buitengewoon belangrijk omdat het betrekking heeft op Jezus. Ten eerste is Hij het mannelijke Lam, het Volmaakte Offer (Johannes 1:29-30[8]). Jezus offerde Zijn eigen bloed, dat symbolisch "de deurpost bedekt" van het leven van de gelovige, en het oordeel wordt nu in ons leven overgeslagen. Vanwege deze geweldige gave wordt de Christen nu gespaard van de geestelijke dood en eeuwige scheiding van God.

Bovendien aten de Joden het Pascha maal voordat het lijden begon, net zoals Jezus deed (zie Lucas 22:15b[9] opnieuw). En net zoals Gods volk in het Exodusverhaal klaar moest staan om op elk moment te vertrekken, moeten wij te allen tijde klaar staan in afwachting van de wederkomst van onze Heer (1 Thessalonicenzen 5:2[10]).

Motief voor communie

Nu we begrijpen wat communie is, gaan we kijken hoe belangrijk het is om het serieus te nemen. De Bijbel zegt dat we onszelf daadwerkelijk schade kunnen berokkenen als we de communie lichtzinnig of zonder berouw opvatten (1 Korintiërs 11:27-32[11]). Dit gedeelte van de Schrift gaat over de gewoonte van de Korintiërs om het brood en de wijn in hun communiedienst te gebruiken om hun buik te vullen en dronken te worden!

Het is onwaarschijnlijk dat we om deze redenen communie zullen nemen. Maar het is ook een waarschuwing voor ons om niet aan de communie deel te nemen als we de zonden in ons leven hebben niet hebben beleden en er geen berouw voor hebben getoond. We mogen niet gedachteloos communie houden met God! Ons wordt verteld om ons innerlijke hart en onze uiterlijke daden te onderzoeken om er zeker van te zijn dat we voor God kunnen verschijnen, voordat we het avondmaal eten en drinken (Hebreeën 10:29[12]). Als christenen zijn we gekocht met een kostbare en dure prijs. Laten we daarom niet lichtvaardig omgaan met wat zo liefdevol en opofferend is gegeven (1 Petrus 1:18-20[13]).

Naarmate de tijd verstrijkt in ons christelijk leven, kunnen we onbedoeld Jezus en Zijn richtlijnen meer een ritueel of een gewoonte maken dan een vitale, dynamische manier van leven. Wanneer ons geloof muf, liefdeloos of machteloos wordt – maar we blijven "het ritueel uitvoeren" – dan wordt dit dode religie genoemd. Jezus verafschuwt religie! Hij wil een levende, groeiende, opwindende relatie met ons hebben. We moeten deze liefdesverbinding elke dag bewaken en bewuste keuzes maken die ons zullen helpen onze eenheid met Hem te cultiveren.

Leven voor Jezus kan de meest opwindende ervaring zijn die je je maar kunt voorstellen! Maar het kost tijd en moeite om het vol te houden. Ik bid dat dit boek je heeft geholpen de basis waarheden van het christelijk leven te begrijpen. Ik bid dat je kracht zult ontvangen van de Heilige Geest om een leven te leiden dat de Heer Jezus Christus behaagt. En ik bid dat je je leven volledig aan Hem zult overgeven. Het leven zal altijd zijn moeilijkheden hebben, maar als je aan Jezus je hoogste prioriteit geeft, zul je in staat zijn om te overwinnen en te gedijen op manieren die je nooit voor mogelijk had gehouden.

Streef ernaar om Jezus elke dag je prioriteit te geven!

Als je na deze laatste les nog tijd over hebt, kun je de tijd nemen om met je groep te delen wat je van deze studies hebt geleerd. Schrijf een aantal manieren op waarop je vandaag Jezus meer volledig kunt liefhebben en dienen.

Sharon

HOOFDSTUK 12
-BIJBELVERZEN-

1. **Korintiërs 11:23-26** Want wat ik heb ontvangen en aan u heb doorgegeven, gaat terug op de Heer zelf. In de nacht waarin de Heer Jezus werd uitgeleverd nam Hij een brood, 24 sprak het dankgebed uit, brak het brood en zei: 'Dit is mijn lichaam voor jullie. Doe dit, telkens opnieuw, om Mij te gedenken.' 25 Zo nam Hij na de maaltijd ook de beker, en Hij zei: 'Deze beker is het nieuwe verbond, dat door mijn bloed gesloten wordt. Doe dit, telkens als jullie hieruit drinken, om Mij te gedenken.' 26 Dus altijd wanneer u dit brood eet en uit de beker drinkt, verkondigt u de dood van de Heer, totdat Hij komt.

2. **Handelingen 2:42-47** Ze wijdden zich trouw aan het onderricht dat de apostelen gaven, aan de onderlinge gemeenschap, het breken van het brood en het gebed. De vele tekenen en wonderen die de apostelen verrichtten, vervulden iedereen met ontzag. 44 Allen die tot geloof gekomen waren, bleven bijeen en hadden alles gemeenschappelijk. 45 Ze verkochten hun eigendommen en bezittingen en verdeelden de opbrengst onder degenen die iets nodig hadden. 46 Elke dag kwamen ze trouw en eensgezind samen in de tempel, braken het brood bij elkaar thuis en gebruikten hun maaltijden in een geest van eenvoud en vol vreugde. 47 Ze loofden God en stonden in de gunst bij het hele volk. De Heer breidde hun aantal dagelijks uit; steeds meer mensen werden gered.

3. **Lucas 22:14-20** Toen het tijd was, ging Hij samen met de apostelen aanliggen voor de maaltijd. 15 Hij zei tegen hen: 'Ik heb er hevig naar verlangd dit pesachmaal met jullie te eten voor de tijd van mijn lijden aanbreekt. 16 Want Ik zeg jullie: Ik zal geen pesachmaal meer eten totdat het zijn vervulling heeft gekregen in het koninkrijk van God.' 17 Hij nam een beker, sprak het dankgebed uit en zei: 'Neem deze beker en geef hem aan elkaar door. 18 Want Ik zeg jullie: vanaf nu zal Ik niet meer drinken van de vrucht van de wijnstok tot het koninkrijk van God gekomen is.' 19 En Hij nam een brood, sprak het dankgebed uit, brak het brood, deelde het uit en zei: 'Dit is mijn lichaam, dat voor jullie gegeven wordt. Doe dit, telkens opnieuw, om Mij te gedenken.' 20 Zo nam Hij na de maaltijd ook de beker, en zei: 'Deze beker, die voor jullie wordt uitgegoten, is het nieuwe verbond, dat door mijn bloed gesloten wordt.

4. **Jeremia 31:33-34** Maar dit is het verbond dat Ik in de toekomst met Israël zal sluiten – spreekt de HEER: Ik zal mijn wet in hun binnenste leggen en hem in hun hart schrijven. Dan zal Ik hun God zijn en zij mijn volk. 34 Men zal elkaar niet meer hoeven te onderwijzen met de woorden: "Leer de HEER kennen," want iedereen, van groot tot klein, kent Mij dan al – spreekt de HEER. Ik zal hun zonden vergeven en nooit meer denken aan wat ze hebben misdaan.

5. **2 Korintiërs 3:3-11** u bent zelf een brief van Christus, door ons opgesteld, niet met inkt geschreven maar met de Geest van de levende God, niet in stenen platen gegrift maar in mensenharten. 4 Dit vertrouwen kunnen wij dankzij Christus tegenover God uitspreken. 5 Niet dat wij vanuit onszelf zo bekwaam zijn dat we dit als ons eigen werk kunnen beschouwen; onze bekwaamheid danken we aan God. 6 Hij heeft ons

geschikt gemaakt om het nieuwe verbond te dienen: niet het verbond van een geschreven wet, maar dat van zijn Geest. Want de letter doodt, maar de Geest maakt levend.

De Glorie van het Nieuwe Verbond 7 Wanneer de dienst die de dood bracht en die met letters in steen werd gegrift, al met zo veel luister verscheen dat het volk van Israël niet naar Mozes kon kijken vanwege de stralende glans op zijn gezicht – een glans die verdween –, 8 zal dan de dienst die de Geest brengt niet nog groter luister hebben? 9 Wanneer de dienst die tot veroordeling leidt al met luister is bekleed, dan is de dienst die tot vrijspraak leidt dat des te meer. 10 De luister van toen is niets in vergelijking met de overweldigende luister van nu. 11 Wanneer wat verdwijnt al luister bezit, geldt dat des te meer voor wat blijft.

6. **Lucas 22:15** Hij zei tegen hen: 'Ik heb er hevig naar verlangd dit pesachmaal met jullie te eten voor de tijd van mijn lijden aanbreekt.

7. **Exodus 12:11-13** Zo moeten jullie het eten: met je gordel om, je sandalen aan en je staf in de hand, in grote haast. Dit is een maaltijd ter ere van de HEER, het pesachmaal. 12 Ik zal die nacht rondgaan door Egypte, en Ik zal daar alle eerstgeborenen doden, zowel van de mensen als van het vee, en Ik zal alle Egyptische goden een afstraffing geven, want Ik ben de HEER. 13 Maar jullie zal Ik voorbijgaan: aan het bloed zal Ik jullie huizen herkennen, en door dat merkteken zal de dodelijke plaag waarmee Ik Egypte straf, jullie niet treffen.

8. **Johannes 1:29-30** De volgende dag zag hij Jezus naar zich toe komen, en hij zei: 'Daar is het lam van God, dat de zonde van de wereld wegneemt. 30 Hij is het over wie ik zei: "Na mij komt iemand die meer is dan ik, want Hij was er vóór mij."

9. **Lucas 22:15b** Hij zei tegen hen: 'Ik heb er hevig naar verlangd dit pesachmaal met jullie te eten voor de tijd van mijn lijden aanbreekt.

10. **1 Thessalonicenzen 5:2** want u weet zelf maar al te goed dat de dag van de Heer komt als een dief in de nacht.

11. **1 Korintiërs 11:27-32** Daarom maakt iemand die op onwaardige wijze van het brood eet en uit de beker van de Heer drinkt, zich schuldig tegenover het lichaam en het bloed van de Heer. 28 Laat daarom iedereen zichzelf eerst toetsen voordat hij van het brood eet en uit de beker drinkt, 29 want wie eet en drinkt maar niet beseft dat het om het lichaam van de Heer gaat, roept zijn veroordeling over zich af. 30 Daarom zijn er onder u veel zwakke en zieke mensen en zijn er al velen onder u gestorven. 31 Als we onszelf zouden toetsen, zouden we niet worden veroordeeld. 32 Maar nu velt de Heer zijn oordeel over ons en wijst Hij ons terecht, opdat we niet straks samen met de wereld zullen worden veroordeeld.

12. **Hebreeën 10:29** Hoeveel zwaarder zal dan de straf niet zijn, denkt u, voor wie de Zoon van God vertrapt, het bloed van het verbond ontheiligt – terwijl hij erdoor geheiligd is – en de Geest van de genade veracht

13. **1 Petrus 1:18-20** U weet immers dat u niet met zoiets vergankelijks als zilver of goud bent vrijgekocht uit het zinloze leven dat u van uw voorouders had geërfd, 19 maar met het kostbare bloed van Christus, als dat van een lam zonder smet of gebrek. 20 Al voor de grondvesting van de wereld is Hij door God uitgekozen, en nu, aan het einde van de tijd, is Hij verschenen omwille van u.

HOOFDSTUK 13
GEBED

Dit boek zou niet compleet zijn zonder het onderwerp gebed. Het is misschien het laatste hoofdstuk, maar het is zeker niet het minst belangrijke.

Wat is gebed?

In principe is bidden praten met God! Het is net zo makkelijk als praten met je beste vriend, hoewel er diepere kwesties mee gemoeid zijn als we tot de Heer bidden. Hoewel onze vrienden naar ons kunnen luisteren, met ons kunnen meeleven en voor ons kunnen bidden, kunnen ze ons niet helpen met onze zorgen. God is daarentegen perfect in staat om elk groot of klein probleem aan te pakken dat we bij Hem brengen.

Bidden is ook luisteren naar God. Als we de bovenstaande vriendschapsanalogie gebruiken, zijn relaties tweezijdig. We delen en luisteren dan naar de reactie van onze vrienden. Zo bouwen we ook een relatie met Hem op. We zullen later in het hoofdstuk meer vertellen over luisteren naar God.

Er rijzen veel vragen over gebed, zoals: "Is er een juiste manier om te bidden"? "In welke positie moet ik bidden"? "Kan ik overal bidden"? en "Moet ik God of de Bijbel goed kennen om te kunnen bidden"?

1 Koningen 8:22-58[1] laat ons een prachtig voorbeeld zien van hoe we kunnen bidden. Salomo is de man die hier bidt terwijl hij de

nieuwe kroon van Israël op zich neemt. Hij was de zoon van koning David, een erfgenaam van de troon die ooit de eeuwige troon zou worden door Jezus Christus. Ik zal hier de complexiteit van het gebed benadrukken:

Hij hief zijn handen op (vs. 22). Om de vraag te beantwoorden in welke lichaamshouding of locatie we moeten zijn tijdens het bidden, is het belangrijk om te weten dat we niet in een bepaalde positie hoeven te zijn om te bidden. We kunnen rijden, zachtjes praten, luid aanbidden, op onze knieën gaan of privé of openbaar bidden. Knielen is een geweldige manier om te bidden, als we daartoe in staat zijn, omdat het ons lichaam letterlijk in een houding van nederigheid, aanbidding en onderwerping plaatst.

Salomo begon zijn gebed door God te vertellen hoe groot Hij is (vs. 23a). Dit is een geweldige manier om onze gebeden te beginnen. Door ons te richten op Gods grootheid, Zijn volmaakte karakter, Zijn kracht en liefde, Zijn gerechtigheid en Zijn plannen en doelen, beseffen we dat we echt afhankelijk zijn van Hem voor alles. Een van Gods belangrijkste eigenschappen is dat Hij de Soevereine God is van het hele universum (1 Timotheüs 2:5[2]). God is een beloftehouder, dus we weten dat alle profetieën (voorzegde Schriftgedeelten) in de Bijbel zullen uitkomen (vs. 24-25). Hij is een God van onfeilbare liefde, wat betekent dat Hij Zijn liefde voor ons niet zal veranderen, ongeacht de tijd of omstandigheden. Hij verlangt echter wel onze oprechte toewijding, simpelweg omdat Hij onze Schepper is en het verdient (vs. 23b). En Hij is zo groot en uitgestrekt, zelfs de hoogste hemelen kunnen Hem niet bevatten (vs. 27b)!

Door onze aandacht te richten op Gods geweldige karakter, herinneren we ons eraan dat we zwak zijn en geneigd tot zonde. God wil ons kracht geven en ons helpen onze zwakheden en zondige natuur te overwinnen, zodat we Hem in Geest en Waarheid kunnen aanbidden en Hem met ons hele wezen kunnen dienen (Marcus 12:30[3]; Johannes 4:23[4]).

Salomo vraagt God vervolgens om genade voor zijn medemens, om bescherming tegen hun vijanden, om vergeving voor hun individuele en collectieve zonden en om hen te zegenen. Nogmaals, dit is een perfect blauwdruk voor onze eigen gebeden.

Het lezen van de Schrift om onze gedachten te focussen op Gods majesteit is ook een goede manier om onze gedachten gecentreerd te houden. De duivel en onze vleselijke natuur willen dat we van koers afwijken en dat we aan allerlei dingen denken die niets met God te maken hebben terwijl we proberen te bidden!

Veel geweldige Bijbelverzen over Gods kracht, heiligheid en pracht die betrekking hebben op ons gebedsleven, staan in de Psalmen (bijvoorbeeld: Psalm 18:31-37[5]; Psalm 19:8-14[6]; en Psalm 62:7-9). Lees de Psalmen zelf en je zult in staat zijn om die te kiezen die het meest betekenisvol voor je zijn.

Houdingen tegenover God en gebed

Soms geloven mensen dat God het "te druk" heeft om naar hun gebeden te luisteren. Of dat het gebed zelf te triviaal of te klein is; dat God alleen geïnteresseerd is in de "grote" problemen in de wereld.

Anderen zijn bang om voor God te verschijnen, misschien vanwege zonde of een misverstand over wie God is. Natuurlijk is Hij Almachtig, maar Hij is ook een God van genade en liefde (Psalm 25:4-15[8]). De Bijbel vertelt ons zelfs dat we als gelovigen in Christus vrijmoedig voor Zijn troon moeten komen, zodat we Zijn wonderbaarlijke genade kunnen ontvangen (Hebreeën 4:16[9]).

Om deze waarheid werkelijkheid te laten worden, is het essentieel om in Jezus te geloven en Hem in je leven te accepteren. Als je Jezus nog niet in je hart hebt ontvangen, kun je dat nu doen. Erken dat je een zondaar bent die vergeving nodig heeft, geloof dat Jezus leefde, stierf en uit de dood werd opgewekt, en verkondig dit geloof met je mond. Laten we dus zonder schroom de troon van Gods genade naderen, waar we telkens als we hulp nodig hebben barmhartigheid en genade vinden.

(Romeinen 10:9-10[10]; 1 Korintiërs 15:1-4[11]). Zoek een kerk die op de Bijbel is gebaseerd en begin te leren wie God is. Hij wil een persoonlijke relatie met je die vandaag kan beginnen.

Een andere mening die we over gebed kunnen hebben, is dat we niet goed bidden. Of dat onze gebeden niet effectief zijn omdat ze niet worden beantwoord op de manier waarop we erom vroegen. De waarheid is dat ELK gebed goed genoeg is voor God, zolang we het nederig en eerlijk vragen. In feite houdt Hij niet van routinematige gebeden, wat betekent dat we steeds dezelfde woorden gebruiken (Mattheüs 6:5-13[12]). Dit betekent niet dat we niet meer dan één keer voor dingen kunnen bidden; het betekent dat het gebruiken van herhalende woorden zonder na te denken gewoon loze praat is.

We leren veel over gebed in deze verzen. Allereerst spreekt deze passage in Mattheüs 6:5-6 niet negatief over hardop bidden in een groep; het brengt eerder de houding over van mensen die hardop bidden om anderen te imponeren. Maar het is ook een heel belangrijke waarheid dat we regelmatig, rustig, ononderbroken, privé gebedstijd met de Heer moeten hebben.

Het "Onze Vader" (verzen 9-13) geeft ons een patroon dat we kunnen gebruiken om te bidden. Zoals eerder vermeld, kunnen we beginnen met God te prijzen. Dan kunnen we bidden dat Gods verlangens en plannen vervuld zullen worden. We kunnen bidden dat God in onze behoeften zal voorzien (zie ook Filippenzen 4:19[13]). We kunnen dan bidden om vergeving, en God vragen om ons de kracht en het verlangen te geven om anderen te vergeven. We kunnen ook bidden dat we worden behoed voor verleiding en zonde.

In principe zijn er 5 gebieden van gebed: Aanbidding (aanbidding) van God; Belijdenis (Hem onze zonden vertellen en om vergeving vragen); Smeekbede (Hem vragen om in onze behoeften te voorzien); Voorbede (bidden voor anderen); en Dankzegging. Als we deze patronen gebruiken om onze gebeden te leiden, hebben we genoeg om over te bidden!

En natuurlijk is alles waar we over willen bidden, in welke volgorde dan ook, met welk onderwerp dan ook, toegestaan voor God. We kunnen bidden, ongeacht wat we doen of waar we zijn, of in welke stemming we ons bevinden. Wen eraan om de hele dag door te bidden en alles op te dragen aan je liefhebbende Vader (1 Thessalonicenzen 5:17[14]). Gebed draait helemaal om onze relatie met de Heer. Hij wil horen wat er in ons hart leeft en een relatie met ons hebben. Hij wil ons de kracht geven om Zijn wil te doen, en Hij deelt graag Zijn wijsheid, begrip en kennis met ons door middel van gebed en Zijn Woord (Romeinen 11:33[15]; Filippenzen 2:13[16]).

MIJN Wil!

Wat betreft onze gebeden die niet altijd op onze manier worden beantwoord, dank ik God dat Hij mijn gebeden op ZIJN manier beantwoordt! Hij weet wat het beste is in elke situatie, en Hij heeft een eeuwig zicht op mijn leven, evenals solide en betrouwbare plannen die altijd tot Zijn glorie uitwerken (Jeremia 29:11-13[17]). Dus, zoals Jezus ons vertelde om te bidden. volgens Mattheüs, bidden we dat Zijn wil wordt gedaan. Ik zeg altijd "Bid voor alles, maar laat de uitkomst aan God over" (Filippenzen 4:6-7[18]). Als je erover nadenkt, als iedereen zijn gebeden verhoord zou krijgen volgens zijn wil, zou de wereld nog chaotischer zijn! Iedereen heeft zijn eigen mening en zijn eigen manier van doen. Mensen zijn niet in staat om de toekomst te zien, of om hun eigen leven perfect te besturen. Wees dankbaar dat God in staat is om wat wij "denken te willen" zo te regelen dat Zijn perfecte wil wordt gedaan. Vertrouwen op God om onze gebeden op Zijn manier en op Zijn tijd te beantwoorden, zal ons de vrede en het vertrouwen geven waar we zo naar verlangen, omdat we vertrouwen op de wijsheid en leiding van de Vader. Hij is perfect in al Zijn wegen en Hij gebruikt onze beproevingen vaak om ons te laten groeien en dichter bij Zichzelf te brengen (Jakobus 1:2-4[19]).

Luisteren naar God in gebed

Gebed is een voorrecht. We mogen met de Almachtige Schepper praten! Het is een daad van aanbidding, omdat we het met God eens zijn dat we niet alwetend zijn en dat we Zijn hulp en kracht nodig hebben om ons in het leven te leiden.

Zoals eerder vermeld, is een groot deel van gebed luisteren naar wat God tegen ons zegt. We kunnen onze verzoeken vaak zonder problemen formuleren, maar wachten tot we de stem van de Heer horen, is veel moeilijker.

In veel culturen wordt men gebombardeerd door lawaai, mensen en deadlines. Soms krijgen we het gevoel dat we falen als we niet constant iets doen of een doel bereiken. Als we een tijdje stilzitten om met God te praten en naar Hem te luisteren, kunnen we ons rusteloos voelen. Bovendien zijn mensen van nature egoïstisch en willen we vaak wat WIJ willen, met uitsluiting van wat God voor ons in petto heeft (Mattheüs 13:15[20]; 2 Timotheüs 4:3[21]). Maar als we deze belangrijke tijd met en voor God niet over hebben, zullen onze plannen nutteloos zijn en zullen we vreugde, vrede, hoop en doel missen (Psalm 37:5[22]; Spreuken 3:5-6[23]; Spreuken 16:1, 9[24]). Leren hoe we stil kunnen zitten en op de Heer kunnen wachten, zal het verschil maken in ons leven. We zullen een diepere relatie met Hem krijgen en we zullen richting voor ons leven ontvangen (Psalm 37:7[25]). Het kost tijd om de gewoonte aan te nemen om te wachten en naar God te luisteren, maar het zal je leven boven verwachting verrijken.

Een andere geweldige manier om te leren 'luisteren' naar God is door de Bijbel te lezen. Hij zal tot ons spreken door de Bijbel als we 'alleen naar Zijn stem luisteren' (Johannes 5:25[26]; Johannes 10:16[27] en Johannes 10:27[28]). Luisteren is horen gekoppeld aan begrip. Wijsheid komt voort uit luisteren en in praktijk brengen wat je hebt gehoord of gelezen (Jakobus 1:22[29]).

Maar ik wil het niet!

Het onderwerp gebed zou niet compleet zijn zonder te noemen dat we moeten bidden voor onze vijanden, en voor degenen met wie we het oneens zijn en voor onze regering (1 Timotheüs 2:1-6[30]).

De Bijbel vraagt ons nooit om iedereen aardig te vinden. God verwacht niet dat we blij zijn met alle beslissingen die onze maatschappelijke leiders nemen, maar Hij roept ons wel op om ze te respecteren (1 Petrus 2:17[31]). En door over Jezus te lezen in het Nieuwe Testament, weet ik dat Hij zelfs bad voor degenen die Hem zouden kruisigen en zouden proberen Zijn volgelingen op een dwaalspoor te brengen.

In plaats van degenen te vervloeken die Hem haatten, zei Jezus: "Hebt uw vijanden lief! Bidt voor hen die u vervolgen" (Mattheüs 5:44[32]). En "Zegen hen die u vervloeken. Bidt voor hen die u pijn doen" (Lucas 6:28[33]). Nogmaals, Jezus kende intens verdriet, rouw, misverstanden, vervolging en verraad. Hij wist dat we met deze problemen in ons eigen leven te maken zouden krijgen, omdat mensen zondaars zijn en van nature egoïstisch (Johannes 2:25[34]). Toch zei Hij ons om te bidden. God kan omstandigheden en mensen veranderen, en gebed is de vonk die de vlam aansteekt.

Gebed verandert ONS. Het brengt ons in grotere harmonie en in een diepere relatie met onze Schepper en Vader. Als we het kwaad en het lijden van de mensheid door Gods ogen gaan zien, kunnen we in de ziel van mensen kijken en de waarheid zien: we hebben allemaal liefde, vergeving en acceptatie nodig. Dit negeert niet de gevolgen die zeker zullen komen voor degenen die anderen vernietigen. Maar het zal ons helpen om te voorkomen dat de wortel van bitterheid in ons groeit (Hebreeën 12:15[35]).

Als afsluiting wil ik een van mijn favoriete Schriftgedeelten met u delen. Het vat prachtig samen wat we in dit hoofdstuk hebben geleerd. Efeziërs 3:14-21 zegt:

> *"Als ik aan dit alles denk, val ik op mijn knieën en bid ik tot de Vader, de Schepper van alles in de hemel en op aarde. Ik bid dat Hij u uit zijn glorieuze, onbeperkte bronnen innerlijke kracht zal geven door zijn Geest. Dan zal Christus zijn woning maken in uw harten als u op hem vertrouwt. Uw wortels zullen groeien in Gods liefde en u sterk houden. En moge u de kracht hebben om te begrijpen, zoals alle mensen van God zouden moeten, hoe breed, hoe lang, hoe hoog en hoe diep zijn liefde is. Moge u de liefde van Christus ervaren, hoewel die te groot is om volledig te begrijpen. Dan zult u compleet worden gemaakt met alle volheid van leven en kracht die van God komt. Nu alle glorie aan God, die in staat is, door zijn machtige kracht die in ons werkt, oneindig veel meer te bereiken dan wij zouden vragen of denken. Glorie aan hem in de gemeente en in Christus Jezus door alle generaties heen, voor eeuwig en altijd! Amen".*

GEBEDSJOURNAAL

Dit is een gedeelte dat mijn man schreef, omdat hij graag een dag-boek bijhoudt. Dit is een andere manier waarop we kunnen leren ons te concentreren terwijl we bidden. Hij schrijft: "Een andere ma-nier om je gebeden bij te houden, is door een dagboek bij te houden. Koop een spiraal gebonden notitieboek. Schrijf de datum en je lo-catie bovenaan. Schrijf dan een paar alinea's over wat er in je leven gebeurt. Wat zijn je behoeften en verlangens? Alleen al door over deze kwesties na te denken - genoeg om ze op te schrijven - word je gedwongen ze beter te definiëren. Het kan veel pagina's kosten om al je gedachten op papier te krijgen en ze te definiëren, vanwege de veelheid van onze emoties.

Schrijf daarna een "gebed" tot God op de volgende regel over alles waar je eerder over hebt geschreven. Vraag God om richting, tussenkomst en Zijn antwoord op al je behoeften. Wees er dan zeker van dat je ALLES voor je liefdevolle, gracieuze, zorgzame en HEEL wijze God hebt gebracht! Het kan echt therapeutisch zijn om je diep-ste wensen, op papier te zetten en aan God voor te leggen, zodat Hij ervoor kan zorgen.

Persoonlijk – als ik mijn gebed tot God opschrijf nadat ik Hem iets heb gevraagd, pauzeer ik en blijf ik even stil om mijn hoofd leeg te maken van MIJN gedachten – en LUISTER naar Zijn antwoord of aanwijzingen. Als ik "iets" in mijn hoofd "hoor" waarvan ik geloof dat het van God komt, zet ik onmiddellijk aanhalingstekens "en schrijf ik op wat ik God tegen mij hoorde zeggen" op de pagina.

Wees HEEL voorzichtig hiermee, want onze vijand wil ons echt in verwarring brengen en misleiden, en hij kan "doen alsof hij licht is". Dus "test wat je hebt gehoord"! God zal NOOIT tegen Zijn Schrif-ten in de Bijbel ingaan. Hij blijft altijd trouw aan Zichzelf. Het leuke van het plaatsen van aanhalingstekens rond wat je "van God hebt gehoord" is dat je over dagen, weken of zelfs jaren terug kunt komen en kunt zien of wat je hebt gehoord Zijn woorden waren! Probeer het en test het, want dit is misschien niet de manier waarop jij dingen verwerkt.

Een heel spannend onderdeel van het bijhouden van een gebedsdagboek is deze laatste stap. Draai het notitieblok om en schrijf bovenaan "Hoe God mijn gebeden heeft beantwoord". Schrijf op de volgende regel de datum en een veel kortere versie van wat je God vroeg om in je dagboek te behandelen. (Nogmaals, dit definieert echt je behoeften aan God en aan jezelf)!

Laat een paar lege regels onder dat specifieke gebed, en wanneer God dat gebed beantwoordt, kom dan terug en schrijf de datum en hoe Hij je gebed beantwoordde. Wat zo geweldig is, is dat je op tijd – (Zijn Tijd) – – je zult het bewijs zien dat God in je leven werkt, omdat gebed na gebed wordt beantwoord en opgelost.

Houd je gebedsdagboek op een privélocatie, weg van anderen. Na verloop van tijd zul je dozen vol notitieblokken hebben met veel moeilijkheden - en VREUGDE - van beantwoorde gebeden. Je zult het bewijs hebben van hoe God in ons leven kan en zal werken! Hij IS zo'n geweldige liefhebbende God"!

-BIJBELVERZEN-

1. **1 Koningen 8:22-58** Toen wendde Salomo zich naar het altaar van de HEER, ten aanschouwen van de verzamelde Israëlieten, hief zijn handen ten hemel 23 en zei: 'HEER, God van Israël, er is geen god zoals U, noch boven in de hemel, noch beneden op de aarde. U houdt u aan het verbond en blijft trouw aan uw dienaren die U met heel hun hart toegewijd zijn. 24 U hebt u gehouden aan wat U uw dienaar, mijn vader David, hebt beloofd. U hebt het niet bij woorden gelaten, maar U bent vandaag uw belofte daadwerkelijk nagekomen. 25 Daarom vraag ik U, HEER, God van Israël, of U zich ook wilt blijven houden aan wat U uw dienaar, mijn vader David, hebt beloofd, namelijk dat U zijn nakomelingen de troon van Israël nooit zult ontzeggen, zolang wij tenminste op het rechte pad blijven door U toegewijd te zijn, zoals ook hij U toegewijd was. 26 Welnu, God van Israël, moge de belofte die U uw dienaar, mijn vader David, hebt gedaan, bewaarheid worden. 27 Zou God werkelijk op aarde kunnen wonen? Zelfs de hoogste hemel kan U niet bevatten, laat staan dit huis, dat ik voor U heb gebouwd. 28 HEER, mijn God, hoor het smeekgebed van uw dienaar aan en luister naar de verzuchtingen die ik vandaag tot U richt. 29 Wees dag en nacht opmerkzaam op wat er gebeurt in deze tempel, de plaats waarvan U zelf hebt gezegd dat daar uw naam zal wonen, en verhoor het gebed dat ik naar deze tempel

richt. 30 Luister naar de smeekbeden die uw dienaar en uw volk Israël naar deze tempel richten, luister naar ons vanuit de hemel, uw woonplaats, luister en schenk ons vergeving. 31 Wanneer iemand een ander kwaad heeft gedaan en deze van hem eist dat hij een vervloeking over zichzelf uitspreekt, en wanneer hij dan naar uw altaar in deze tempel komt om zichzelf te vervloeken, 32 luister dan vanuit de hemel en grijp in. Spreek recht over uw dienaren, verklaar de boosdoener schuldig en geef hem zijn verdiende straf, maar spreek de onschuldige vrij en herstel hem in zijn recht. 33 Wanneer uw volk Israël door de vijand is verslagen omdat het tegen U gezondigd heeft, en wanneer zij dan naar U terugkeren, uw naam prijzen en tot U in deze tempel bidden en smeken, 34 luister dan vanuit de hemel, vergeef uw volk Israël wat het heeft misdaan en breng hen terug naar het grondgebied dat U aan hun voorouders hebt gegeven. 35 Wanneer de hemel gesloten blijft en er geen regen valt omdat het volk tegen U gezondigd heeft, en wanneer zij dan een gebed richten naar deze tempel, uw naam prijzen en zich afkeren van hun zonden, omdat U hen antwoord geeft, 36 luister dan vanuit de hemel en vergeef uw dienaren, uw volk Israël, wat ze hebben misdaan. Wijs hun de juiste levensweg en laat het regenen op uw land, dat U uw volk als grondgebied gegeven hebt. 37 Wanneer er in het land hongersnood of pest uitbreekt, wanneer het gewas wordt getroffen door korenbrand, meeldauw of vraatzuchtige sprinkhanen, wanneer het volk in eigen land door de vijand bedreigd wordt, wanneer er kortom bij enige ramp of ziekte 38 ook maar iemand van uw volk Israël een smeekgebed tot U richt en zijn handen heft in de richting van deze tempel – ieder onder de druk van het leed dat hem persoonlijk treft –, 39 luister dan vanuit de hemel, uw woonplaats, en vergeef hem. Grijp in en geef hem wat hem toekomt, want U weet wat er in hem omgaat. U alleen immers kunt de mens doorgronden. 40 Dan zullen ze in het land dat U aan onze voorouders hebt gegeven hun leven lang ontzag voor U tonen. 41 Ook wanneer een vreemdeling, die niet tot uw volk Israël behoort en die uit een ver land hierheen is gekomen om uw naam eer te bewijzen 42 – want ook daar is de faam van uw sterke hand en opgeheven arm doorgedrongen –, wanneer een vreemdeling hierheen komt en een gebed richt naar deze tempel, 43 luister dan vanuit de hemel, uw woonplaats, en doe wat hij U vraagt. Dan zullen alle volken op aarde uw naam leren kennen en ontzag voor U tonen, zoals uw volk Israël dat doet, en zij zullen weten dat uw naam verbonden is aan deze tempel, die ik heb gebouwd. 44 Wanneer uw volk op uw bevel ten strijde trekt tegen de vijand en zij tot U bidden in de richting van de stad die U hebt uitgekozen en van de tempel die ik voor uw naam heb gebouwd, 45 luister dan vanuit de hemel naar hun bidden en smeken en verschaf hun recht. 46 Wanneer ze tegen U zondigen – er is immers geen mens die niet zondigt – en U hen uit woede uitlevert aan vijanden die hen gevangennemen en meevoeren naar hun land, hetzij ver weg of dichtbij, 47 en wanneer ze dan in hun ballingsoord tot inkeer komen en zich in dat vreemde land smekend tot U wenden en belijden dat ze hebben gezondigd, dat ze verkeerd hebben gedaan en slecht hebben gehandeld, 48 wanneer ze zich in het land van de vijanden die hen gevangen hebben genomen weer met hart en ziel aan U toewijden en tot U bidden in de richting van het land dat U aan hun voorouders hebt gegeven, van de stad die U hebt uitgekozen en van de tempel die ik voor uw naam heb gebouwd, 49 luister dan vanuit de hemel, uw woonplaats, naar hun bidden en smeken en verschaf hun recht. 50 Vergeef uw volk alle zonden en misstappen die het tegen U begaan heeft en wek het mededogen op van degenen die hen als gevangenen hebben weggevoerd. 51 Zij zijn uw volk, HEER, mijn God, uw eigen volk, dat U uit die smeltoven van Egypte hebt weggeleid. 52 Wees opmerkzaam op de smeekbeden van uw dienaar en van uw volk Israël en luister naar hen wanneer ze U maar roepen. 53 U hebt hen immers van alle andere volken op aarde onderscheiden om uw volk te zijn, zoals U bij monde van uw dienaar Mozes hebt gezegd toen U onze voorouders uit Egypte wegleidde.' 54 Tijdens dit hele smeekgebed lag Salomo geknield voor het altaar van de HEER, met zijn handen ten hemel geheven. Toen hij zijn gebed tot de HEER beëindigd had, 55 stond hij op en sprak met luide stem zijn zegen uit over de gemeenschap van Israël: 56 'Geprezen zij de HEER, die zijn volk Israël rust heeft gegeven, zoals Hij heeft beloofd. Niet één van de beloften die Hij bij monde van zijn dienaar Mozes heeft gedaan, is onvervuld gebleven. 57 Moge de HEER, onze God, ons bijstaan, zoals Hij onze voorouders heeft bijgestaan. Moge Hij zich om ons blijven bekommeren en ons niet in de steek laten. 58 Moge Hij ervoor zorgen dat wij Hem toegenegen en gehoorzaam blijven en ons houden aan de geboden, voorschriften en rechtsregels die Hij onze voorouders heeft gegeven.

2. **1 Timotheüs 2:5** Want er is maar één God, en maar één bemiddelaar tussen God en mensen, de mens Christus Jezus,

3. **Marcus 12:30** heb de Heer, uw God, lief met heel uw hart en met heel uw ziel en met heel uw verstand en met heel uw kracht.

4. **Johannes 4:23** Maar er komt een tijd, en die tijd is nu gekomen, dat wie de Vader echt aanbidt, Hem aanbidt vervuld van Geest en waarheid. De Vader zoekt mensen die Hem zo aanbidden

5. **Psalm 18:31-37** Gods weg is volmaakt, het woord van de HEER is zuiver, een schild is Hij voor allen die bij Hem schuilen. 32 Wie anders is God dan de HEER, wie anders een rots dan onze God? 33 De God die mij met kracht omgordt, leidt mij op een volmaakte weg, 34 Hij geeft mij voeten snel als hinden, doet mij op toppen van bergen staan, 35 oefent mijn handen voor de strijd – mijn armen spannen de bron-

zen boog. 36 U was het schild dat mij redde, uw rechterhand ondersteunde mij, uw woord maakte mij sterk, 37 U baande de weg voor mijn voeten, ik wankelde niet.

6. **Psalm 19:8-14** De wet van de HEER is volmaakt: levenskracht voor de mens. De richtlijn van de HEER is betrouwbaar: wijsheid voor de eenvoudige. 9 De bevelen van de HEER zijn eenduidig: vreugde voor het hart. Het gebod van de HEER is helder: licht voor de ogen. 10 Het ontzag voor de HEER is zuiver, houdt stand, voor altijd. De voorschriften van de HEER zijn waarachtig, rechtvaardig, geheel en al. 11 Ze zijn begeerlijker dan goud, dan fijn goud in overvloed, en zoeter dan honing, dan honing vers uit de raat. 12 Uw dienaar laat zich erdoor gezeggen, wie ze opvolgt wordt rijk beloond. 13 Maar wie kan al zijn fouten kennen? Spreek mij vrij van verborgen zonden. 14 Bescherm mij, uw dienaar, en laat hoogmoed niet over mij heersen, dan zal ik volmaakt zijn en bevrijd van grote zonde. 15 Laten de woorden van mijn mond U behagen, de overpeinzingen van mijn hart U bekoren, HEER, mijn rots, mijn bevrijder.

7. **Psalm 62:7-9** Zoek rust, mijn ziel, bij God alleen, van Hem blijf ik alles verwachten. 7 Hij alleen is mijn rots en mijn redding, mijn burcht, ik zal niet wankelen. 8 Bij God is mijn redding en mijn eer, mijn machtige rots, mijn schuilplaats is God. 9 Vertrouw op Hem, mijn volk, te allen tijde, stort uw hart uit bij Hem, God is onze schuilplaats.

8. **Psalm 25:4-15** Maak mij, HEER, met uw wegen vertrouwd, leer mij uw paden te gaan. 5 Wijs mij de weg van uw waarheid en onderricht mij, want U bent de God die mij redt, op U blijf ik hopen, elke dag weer. 6 Denk aan uw barmhartigheid, HEER, aan uw liefde door de eeuwen heen. 7 Denk niet aan de zonden uit mijn jeugd, maar denk met liefde

aan mij, HEER, omwille van uw goedheid. 8 Goed en rechtvaardig is de HEER: Hij wijst zondaars de weg, 9 wie nederig zijn leidt Hij in het rechte spoor, Hij leert hun zijn paden te gaan. 10 Liefde en trouw zijn de weg van de HEER voor wie de wetten van zijn verbond onderhouden. 11 Vergeef mij, HEER, mijn grote schuld, omwille van uw naam. 12 Aan wie in ontzag voor Hem leven, leert de HEER de rechte weg te kiezen. 13 Hun leven verloopt in voorspoed en hun kinderen zullen het land bezitten. 14 De HEER is een vriend van wie Hem vrezen, Hij maakt hen vertrouwd met zijn verbond. 15 Ik houd mijn oog gericht op de HEER, Hij bevrijdt mijn voeten uit het net.

9. **Hebreeën 4:16** Laten we dus zonder schroom de troon van Gods genade naderen, waar we telkens als we hulp nodig hebben barmhartigheid en genade vinden.

10. **Romeinen 10:9-10** Als uw mond belijdt dat Jezus de Heer is en uw hart gelooft dat God Hem uit de dood heeft opgewekt, zult u worden gered. 10 Als uw hart gelooft, zult u rechtvaardig worden verklaard; als uw mond belijdt, zult u worden gered.

11. **1 Korintiërs 15:1-4** Broeders en zusters, ik herinner u aan het evangelie dat ik u verkondigd heb, dat u hebt aangenomen, dat uw fundament is 2 en uw redding – als u tenminste vasthoudt aan de boodschap zoals ik u die verkondigd heb. Anders bent u tevergeefs tot geloof gekomen. 3 Het belangrijkste dat ik u heb doorgegeven, heb ik op mijn beurt ook weer ontvangen: dat Christus voor onze zonden is gestorven, zoals in de Schriften staat, 4 dat Hij is begraven, dat Hij op de derde dag is opgewekt, zoals in de Schriften staat,

12. **Mattheüs 6:5-13** En wanneer jullie bidden, doe dan niet als de huichelaars die graag in de synagoge en op elke straathoek

staan te bidden, zodat iedereen hen ziet. Ik verzeker jullie: zij hebben hun loon al ontvangen. 6 Maar als jullie bidden, trek je dan terug in je huis, sluit de deur en bid tot je Vader, die in het verborgene is. En jullie Vader, die in het verborgene ziet, zal je ervoor belonen. 7 Bij het bidden moeten jullie niet eindeloos voortprevelen zoals de heidenen, die denken dat ze door hun overvloed aan woorden verhoord zullen worden. 8 Doe hen niet na! Jullie Vader weet immers wat jullie nodig hebben, nog vóór jullie het Hem vragen. 9 Bid daarom als volgt: Onze Vader in de hemel, laat uw naam geheiligd worden, 10 laat uw koninkrijk komen, laat uw wil gedaan worden op aarde zoals in de hemel. 11 Geef ons vandaag het brood dat wij nodig hebben. 12 Vergeef ons onze schulden, zoals ook wij vergeven wie ons iets schuldig is. 13 En breng ons niet in beproeving, maar red ons van het kwaad. [Want aan U behoort het koningschap, de macht en de majesteit, in eeuwigheid. Amen.]

13. **Filippenzen 4:19** Mijn God zal uit de overvloed van zijn majesteit elk tekort van u aanvullen, door uw eenheid met Christus Jezus.

14. **1 Thessalonicenzen 5:17** bid onophoudelijk

15. **Romeinen 11:33** Hoe onuitputtelijk zijn Gods rijkdom, wijsheid en kennis, hoe ondoorgrondelijk zijn oordelen en hoe onbegrijpelijk zijn wegen.

16. **Filippenzen 2:13** want het is God die zowel het willen als het handelen bij u teweegbrengt, omdat het Hem behaagt.

17. **Jeremia 29:11-13** Mijn plan met jullie staat vast – spreekt de HEER: Ik heb jullie geluk voor ogen, niet jullie ongeluk; Ik zal je een hoopvolle toekomst geven. 12 Jullie zullen Mij aanroepen en weer tot Mij gaan bidden, en Ik zal naar jullie

luisteren. 13 Jullie zullen Mij zoeken en ook vinden, als jullie Mij tenminste met hart en ziel zoeken.

18. **Filippenzen 4:6-7** Wees over niets bezorgd, maar vraag in alle omstandigheden aan God wat u nodig hebt en dank Hem in uw gebeden. 7 Dan zal de vrede van God, die alle verstand te boven gaat, uw hart en gedachten in Christus Jezus bewaren.

19. **Jakobus 1:2-4** Het moet u tot grote blijdschap stemmen, broeders en zusters, als u allerlei beproevingen ondergaat. 3 Want u weet: wanneer uw geloof op de proef wordt gesteld, leidt dat tot standvastigheid. 4 Als die standvastigheid ook daadwerkelijk blijkt, zult u volmaakt en volkomen zijn, zonder enige tekortkoming.

20. **Mattheüs 13:15** Want het hart van dit volk is afgestompt, hun oren zijn doof en hun ogen houden zij gesloten. Met hun ogen willen ze niets zien, met hun oren niets horen, met hun hart niets begrijpen. Want anders zouden ze tot inkeer komen en zou Ik hen genezen.

21. **2 Timotheüs 4:3** Want er komt een tijd dat de mensen de heilzame leer niet meer verdragen, maar leraren om zich heen verzamelen die aan hun verlangens tegemoetkomen en hun naar de mond praten.

22. **Psalm 37:5** Leg je leven in de handen van de HEER, vertrouw op Hem, Hij zal dit voor je doen:

23. **Spreuken 3:5-6** Vertrouw op de HEER met heel je hart, steun niet op eigen inzicht. 6 Denk aan Hem bij alles wat je doet, dan baant Hij voor jou de weg.

24. **Spreuken 16:1, 9** 1 Een mens weegt zijn woorden, maar wat hij zegt, komt van de HEER. 9 Een mens stippelt zijn weg uit,

de HEER bepaalt de richting die hij gaat.

25. **Psalm 37:7** Blijf kalm en wacht op de HEER, erger je niet aan wie slaagt in het leven, aan wie met listen te werk gaat.

26. **Johannes 5:25** Werkelijk, Ik verzeker u, er komt een tijd, en die tijd is nu gekomen, dat de doden de stem van Gods Zoon zullen horen en dat wie Hem horen, zullen leven.

27. **Johannes 10:16** Maar Ik heb ook nog andere schapen, die niet uit deze schaapskooi komen. Ook die moet Ik hoeden, ook zij zullen naar mijn stem luisteren: dan zal er één kudde zijn, met één herder.

28. **Johannes 10:27** Mijn schapen luisteren naar mijn stem, Ik ken ze en zij volgen Mij

29. **Jakobus 1:22** Vergis u niet: alleen horen is niet genoeg, u moet wat u gehoord hebt ook doen.

30. **1 Timotheüs 2:1-6** Allereerst vraag ik dat er voor alle mensen gebeden wordt, dat er smeekbeden, voorbeden en dankgebeden voor hen worden uitgesproken. 2 Bid voor alle koningen en gezagsdragers, opdat we rustig en ongestoord kunnen leven, in alle vroomheid en waardigheid. 3 Dat is goed en welgevallig in de ogen van God, onze redder, 4 die wil dat alle mensen worden gered en de waarheid leren kennen. 5 Want er is maar één God, en maar één bemiddelaar tussen God en mensen, de mens Christus Jezus, 6 die zichzelf gegeven heeft als losgeld voor allen, als het getuigenis voor de vastgestelde tijd.

31. **1 Petrus 2:17** Houd iedereen in ere, heb uw broeders en zusters lief, heb ontzag voor God en eerbiedig de keizer.

32. **Mattheüs 5:44** Dit zeg Ik daarover: heb je vijanden lief en bid voor wie jullie vervolgen

33. **Lucas 6:28** zegen wie jullie vervloeken, bid voor wie jullie slecht behandelen

34. **Johannes 2:25** Niemand hoefde Hem iets te vertellen over de mensen, want Hij wist wat er in een mens omgaat.

35. **Hebreeën 12:15** Zorg ervoor dat niemand zich de genade van God laat ontgaan, dat er geen giftige kiem opschiet die onrust veroorzaakt en met zijn bitterheid velen besmet,

www.ingramcontent.com/pod-product-compliance
Lightning Source LLC
Chambersburg PA
CBHW070824120626
46556CB00002B/649